全民阅读
中华文明史系列

秦风汉韵
一本书读懂秦汉文明

姜 越 ◎ 编著

群言出版社
QUNYAN PRESS
·北京·

图书在版编目(CIP)数据

秦风汉韵：一本书读懂秦汉文明 / 姜越编著. -- 北京：群言出版社，2015.8（2022.8 重印）
ISBN 978-7-80256-848-8

Ⅰ.①秦… Ⅱ.①姜… Ⅲ.①文化史-中国-秦汉时代-通俗读物 Ⅳ.①K232.03-49

中国版本图书馆 CIP 数据核字（2015）第 186999 号

责任编辑	盛利君　卢　珊
封面设计	侯泰设计工作室
出版发行	群言出版社
社　　址	北京市东城区东厂胡同北巷 1 号（100006）
网　　址	www.qypublish.com（官网书城）
电子信箱	qunyancbs@126.com
联系电话	010-65267783　65263836
法律顾问	北京法政安邦律师事务所
经　　销	全国新华书店
印　　刷	北京洲际印刷有限责任公司
版　　次	2015 年 11 月第 1 版
印　　次	2022 年 8 月第 2 次印刷
开　　本	640mm × 960mm　1/16
印　　张	15
字　　数	238 千字
书　　号	ISBN 978-7-80256-848-8
定　　价	58.00 元

【版权所有，侵权必究】

如有印装质量问题，请与本社发行部联系调换，电话：010-65263836

前言

公元前 221 年，秦始皇统一六国，建立了中国历史上第一个封建的中央集权制国家。秦国南征北战，纵横华夏大地的同时，吸收融汇了不同地域的文化，大一统之后又采取了一系列积极的改革措施，使秦国的政治、经济、文化都达到了一个全新的高度。

汉朝（公元前 202—220 年），分为西汉和东汉，是继秦朝之后强盛的大一统帝国。公元前 202 年西汉建立，定都长安（今陕西西安）。

秦汉时，中国古代文明大发展的原因是国家统一局面的形成，以及封建经济获得较大程度的发展和中外交流有了新进展等。这种大发展既是对先秦文明成就的总结和升华，又为此后 2000 多年封建文明的发展奠定了基础。

秦汉时期经济的进步促进了秦汉文化的繁荣，许多科技成就既是秦汉文化发展的表现，又是秦汉经济发展的动力。

秦汉形成统一帝国，政治统一，促进各地人民生产生活交流，为秦汉文

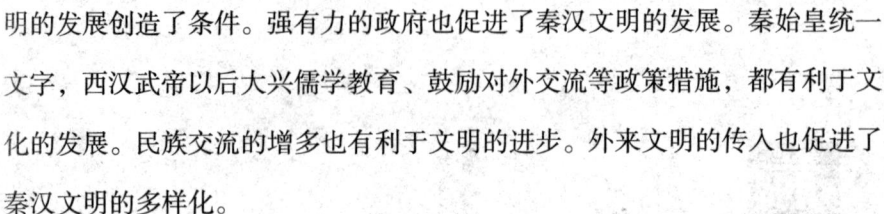

明的发展创造了条件。强有力的政府也促进了秦汉文明的发展。秦始皇统一文字，西汉武帝以后大兴儒学教育、鼓励对外交流等政策措施，都有利于文化的发展。民族交流的增多也有利于文明的进步。外来文明的传入也促进了秦汉文明的多样化。

数学、中医、造纸等成就一脉相传，不断地发展，许多方面流传至今。我们现在依然为万里长城、秦始皇陵兵马俑军阵的气势而惊叹，这些已不仅是中国人的宝贵财富，而且也是整个人类的宝贵遗产。儒家思想在诸子思想中取得独尊地位，儒家思想开始成为中国封建社会的指导思想，对以后近2000年的封建社会产生重要影响。《史记》及许多秦汉文艺作品，历代都有读者喜爱和研究。秦汉文化的许多成就开始外传，有力地促进了"中华文化圈"的形成。

秦汉时代的文明，正是在各地区、各族人民不同的文明基础上统一起来的，而在统一的前提下，又保持着各地、各族间不同程度的差异。这种差异并不妨碍统一，相反它们构成了中华民族统一文明的文化底蕴。正是由于这些多样化的文明存在，才使我国统一的物质文明和精神文明不断进步，不断发展，并使我国成为世界上罕见的绚丽多彩、深厚宏博的文明古国。它奠定了中华文明在当时世界的领先地位，并对世界文明产生了深远的影响。

第一章　大一统国家——华夏文明的多样化统一

西汉平帝时期(公元元年),全国人口达6000万左右,占当时世界人口的1/3。西汉文化的统一,以儒家文化为代表的东亚文化圈的建立,为华夏民族2000年的社会发展奠定了基础,为中华文明的延续和繁荣发展做出了巨大贡献。华夏民族因此逐渐被称为"汉族"。

大一统的秦汉文明 ·· 002

"皇帝"制度文明 ·· 003

中央集权的政治文明 ·· 006

秦代财税制度的统一 ·· 009

统一的币制文明 ·· 011

文化思想的统一 ·· 013

董仲舒的大一统文明思想 ···································· 015

扩展阅读　开国皇帝汉高祖 ·································· 019

第二章　四通八达——畅通无阻的秦汉交通文明

政治的稳定、经济的发展与文化的统一,都与交通条件有着密切的关联。秦汉大一统王朝的建立,使中央政府直接管辖的区域大大扩展,由于加强统治的需要,迫使统治者大力改善交通条件,秦汉时期交通的空前发展就证明了这一点。

"车同轨"促进交通文明进步 ·································· 024

秦代交通运输管理 ·· 026

多样化的秦汉交通工具 ······································ 031

历史上最早的"国道" ······································ 035

人性化的汉代交通服务 ······································ 038

汉代都市交通及其管理 …………………………………… 042

扩展阅读　徐福东渡 …………………………………… 047

第三章　美轮美奂——灿烂的秦汉手工业文明

秦汉时期的手工业，上承战国而加速发展。秦汉手工业大致可分为纺织业、制盐业、酿造业、矿冶业、日用器物制造业等生产部门。其中手工业文明中最繁荣的当数纺织文明、制盐文明、酿造文明与漆器文明等。

丝绸与纺织文明 …………………………………… 052

手工业奇葩：两汉刺绣 …………………………………… 055

秦汉漆器制造文明 …………………………………… 057

秦汉酿酒文明 …………………………………… 059

秦汉时期的制盐技术 …………………………………… 062

舟车制造业文明兴起 …………………………………… 064

扩展阅读　马王堆的"蝉翼衣" …………………………………… 068

第四章　丝绸之路——对外贸易的文明通道

手工业的发展为对外贸易提供了坚实的物质基础。与此同时，大汉王朝疆域辽阔，民族众多，为稳定边疆、维护国家统一，需要加强与周边各国、各民族的联系。因此，两汉时代，中国封建政府致力于开拓陆海对外交通，因而无论陆上丝绸之路还是海上丝绸之路都出现了空前的畅通，中国对外贸易历史由此进入了一个新阶段。

张骞通西域：丝绸之路的开辟 …………………………………… 070

丝绸之路的路线 …………………………………… 073

外来文明传入中国 …………………………………… 077

海上"丝绸之路"文明的萌芽 …………………………………… 079

中华文明走出国门 ……………………………… 082

扩展阅读　张骞第一次出使西域 ………………… 085

第五章　日新月异——人类书写文明的新跨越

　　中国古人以麻、树皮、藤、竹等植物作为造纸原料，使造纸原料来源丰富，成本低且品质优良；发明和使用纸浆槽、抄纸帘等工具，使纸张的生产效率和质量得以提高。造纸术出现以后，为改善纸的性能、增加纸的美感和艺术性，人们又先后发明了施胶、涂布、染色等多种加工处理方法，创制出许多品质优异、色泽美观的名纸。纸张种类繁多，用途广泛，本章不仅记载了造纸技术日新月异的演变历程，也体现了在发展进程中，人类的杰出智慧。

秦汉早期的帛书 …………………………………… 090

植物纤维纸——灞桥纸 …………………………… 093

蔡伦改进造纸术 …………………………………… 095

造纸术对世界文明的影响 ………………………… 097

汉代书籍的繁荣局面 ……………………………… 098

扩展阅读　造纸术先进的加工技术 ……………… 102

第六章　秦砖汉瓦——华夏建筑文明的辉煌

　　古砖为泥土烧制物，它通常刻有年代、图案、吉祥语等，是研究历史和雕刻的重要参考资料。秦汉时期制砖的技术和生产规模、质量和花式品种都有显著发展，世称"秦砖汉瓦"。"秦砖汉瓦"是华夏文明宝库中一颗璀璨的明珠，其精美的文字、奇特的动物形象、华丽诡异的图案，在考古、历史、古文字和美术、书法艺术，以及思想文化方面的研究中，有着其他文物遗迹不可替代的特殊地位，极具艺术欣赏价值和文化研究价值。

震古烁今的秦砖 …………………………………… 106

美妙绝伦的秦瓦当 ………………………………… 108

富丽豪华的汉瓦当 ………………………………… 111

豪放朴拙的宫殿建筑 …………………………………… 116

伟大创举——长城 ……………………………………… 119

秦汉陵墓建筑文明 ……………………………………… 124

建筑文明的装饰：画像砖 ……………………………… 128

画像砖上的民生万象 …………………………………… 131

扩展阅读　萧何与未央宫 ……………………………… 138

第七章　精雕细琢——规模化的秦汉雕塑文明

秦汉时期的雕塑以其恢宏的气势将中国雕塑推向了高峰。这一时期的艺术成就主要表现在大型纪念性石雕的出现和标志性明器雕塑的产生，以及工艺性雕塑也达到了较高的水平。秦汉雕塑的巨大气魄和强健精神，为中国雕塑的历史留下了辉煌的一页。

秦汉石雕文明 …………………………………………… 142

秦汉陵墓与石雕 ………………………………………… 144

秦汉陶器文明 …………………………………………… 146

兵马俑：中华文明的奇迹 ……………………………… 151

两汉陶塑文明 …………………………………………… 155

生动多彩的汉代说唱俑 ………………………………… 157

扩展阅读　秦汉时期的木雕 …………………………… 159

第八章　乐舞百戏——中国戏曲文明的雏形

秦汉立国，纵横数千里，上下五百年，中华文明进入一个新的历史时期。中国戏剧也从与宗教仪式混杂的原始阶段跨入了体现艺术价值和实现娱乐功能的初级阶段。与希腊和印度不同，中国未能从祭祀仪式直接转换出成熟的戏剧样式，二者之间还要一个漫长的过渡——初级戏剧阶段，中华文化的特殊性造成了中国戏剧发展的这种特殊历程。秦汉六朝百戏，则是初级戏剧雏形的显现。

汉乐府的建立	162
开放的汉舞文明	164
场面壮观的百戏歌舞	166
角抵戏的出现	168
傀儡戏的初步形成	171
汉代的鼓吹乐	173
秦汉歌舞文明	174
汉代杂技乐舞文明	178
东汉的"杂技团"	182
扩展阅读 汉代的裸体舞艺术	184

第九章 古朴典雅——秦汉时期的家具艺术

我国的历史源远流长，从元谋人开始到公元前21世纪是我国漫长的原始社会时期。在这漫长的历史时期内，勤劳的先祖们运用他们的智慧创造了华夏文明的雏形。尤其在建筑、木工、编织及髹漆技术等方面取得了引人注目的成就。到了秦汉时期，家具品类不断增多款式不断创新。这一时期的家具虽部分保留着奴隶社会时期家具形式单调、一物多用、功能交错的特点，但中国以后出现的坐卧类家具、置物类家具、储藏类家具、支架类家具、屏风类家具在这时都已初具雏形。

低矮家具的鼎盛时期	188
低矮家具的代表	189
家具的髹漆与纹饰	190
精致完美的竹器家具	192
汉代的家具——案	195
古朴的汉代屏风	197
典雅的汉代几案	199
扩展阅读 汉代的床榻	203

第十章　光芒永驻——秦汉时期的科学文化成就

秦汉大一统，社会稳定，封建经济发展，促成了科学与文化发达昌明。国内各民族之间联系密切，中外交往活跃，又为秦汉科学与文化提供了更广阔的发展空间。秦汉时期许多重大的科技与文学成就是中华民族智慧的结晶，体现了我国古代劳动人民的聪明才智。

独特的天文历法 …………………………………………… 206

张衡与地震仪 ……………………………………………… 208

数学专著：《九章算术》 …………………………………… 210

医学巨著：《神农本草经》 ………………………………… 212

张仲景与《伤寒杂病论》 ………………………………… 215

不朽巨著：《史记》 ………………………………………… 218

媲美《史记》的史书：《汉书》 …………………………… 222

扩展阅读　华佗的"神药" ………………………………… 224

第一章

大一统国家
——华夏文明的多样化统一

西汉平帝时期（公元元年），全国人口达6000万左右，占当时世界人口的1/3。西汉文化的统一，以儒家文化为代表的东亚文化圈的建立，为华夏民族2000年的社会发展奠定了基础，为中华文明的延续和繁荣发展做出了巨大贡献。华夏民族因此逐渐被称为"汉族"。

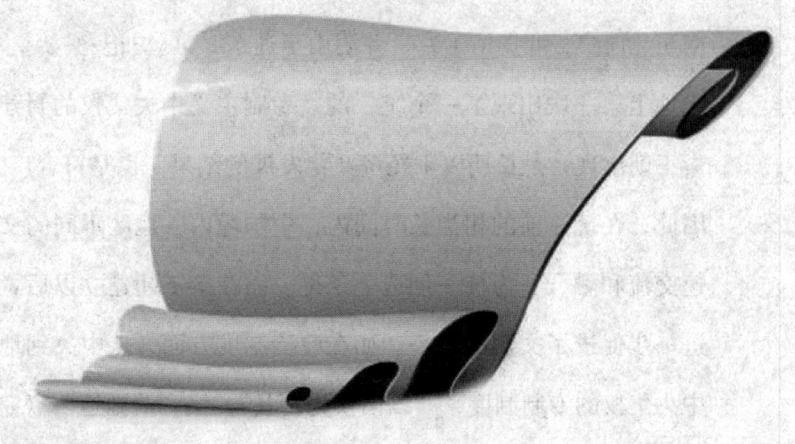

大一统的秦汉文明

秦汉以前，春秋战国时期（公元前770—前221年），中国是由几十个分裂的小国分别占据。即使在春秋以前的夏、商、周时代，王国的范围也是有限的，而周围分封的诸侯和"蛮、夷"则因地理或民族等因素被分割为一块块相对独立的地区。在这种状态下的文明，自然是各地区相差悬殊。当时的中原（黄河中、下游）人因今日之江苏、浙江一带的吴、越人断发、纹身而羞与他们为伍，视长江一带的楚人为"南蛮"，把居于关中的秦人以"戎、狄"对待。至于"文字异形""车异轨"等更是众所周知的事实。从目前考古资料中所反映出的、具有明显地方特点的所谓"楚文化""秦文化"以及"北方长城外文化"等等，正表明在秦汉以前中国各地文明发展的地区性差异。

自公元前221年秦王朝建立后，在"东至海暨朝鲜，西至临洮、羌中，南至北向户，北据河为塞、并阴山至辽东"（《史记·秦始皇本纪》）的辽阔土地上第一次出现了一个统一的、专制主义中央集权的封建国家。统一的秦王朝出现，是长期以来经济文化发展的结果，也是符合广大人民需要的。因此，在统一前的相当长时间内，中国境内各地区不同的文明已经开始加速交流和融合，为统一创造了条件。而在秦王朝建立以后，统一的国家则进一步促进了文明的统一。如在政治制度方面，从中央到地方都统一实行中央集权的专制制度，"以诸侯为郡县"，又"治驰道"（《史记·秦始皇本纪》），"东穷燕齐，南极吴楚，江湖之上，滨海之观毕至"（《史记·贾山传》），把咸阳同全国各地紧密地联系在一起。同时还统一文字、度量衡等等，这些措施无疑加强了各地文明的统一发展。而秦始皇又不断采取行政措施，矫正落后的习俗，如针对会稽一带的淫乱风气，专门立石宣布："夫为寄豭，杀之无罪""妻为逃嫁，子不得母"（《会稽刻石》，见《史记·秦始皇本纪》）。这一系列措施，终于使秦汉时期的文明呈现出前所未有的统一特点。

秦汉时期文明的统一趋势，在古代文献中概括为"今天下车同轨，书同文，行同伦"。（《礼记·中庸》）"车同轨"就是"共同经济生活""经济的联系性"；"书同文"就是"共同的语言"；"行同伦"就是"共同文化上的共同心理素质"（范文澜：《中国通史简编》修订本第一编"绪言"），这样，中华民族统一的文明出现了。秦汉时期形成的中华民族文明的特点之一，就是多样化的统一。

"皇帝"制度文明

公元前221年，秦国先后灭掉韩、魏、楚、燕、赵、齐六国，建立了中国历史上第一个统一的、多民族的、专制主义中央集权制国家。秦王嬴政也成为了中国历史上的第一个"皇帝"。

在秦朝以前，中国历代的最高统治者都称王，夏、商、周三代皆如此。周朝王以下的爵位有公、侯、伯、子、男等。从春秋末到战国时期，奴隶制

"礼崩乐坏"的状况愈演愈烈。旧时制度被冲垮，战国七雄相继称王。昔日唯我独尊的名号被许多人堂而皇之地采用了。公元前221年，秦王嬴政完成统一大业后，面对"六合之内，皇帝之土"的美好江山，他认为王的称号已经无法表达自己的威严和事功了，于是下令群臣议建新的名号。当时的丞相王绾、御史大夫冯劫、廷尉李斯等人奉命计议一番，向嬴政提出了如下建议：昔者五帝地方千里，其外侯服夷服，诸侯或朝或否，天子不能制。今陛下兴义兵，诛残贼，平定天下，海内为郡县，法令由一统，自上古以来未尝有，五帝所不及。臣等谨与博士议曰："古有天皇，有地皇，有泰皇，泰皇最贵。"臣等昧死上尊号，王为"泰皇"，命为"制"，令为"诏"，天子自称曰"朕"。

嬴政斟酌其建议，决定采用"泰皇"的"皇"字，和"五帝"的"帝"字，将自己的名号定为"皇帝"。从此，皇帝作为中国封建时代最高统治者的名号一直延用了2000多年，成为千千万万野心家拼命争夺的目标。嬴政又追尊自己的父亲庄襄王为"太上皇"，决定取消西周以来的谥法，今后不用再给死去的皇帝上"文、昭、武、襄、惠"之类的封号了，他为始皇帝，后世就以数计，二世三世至于万世，传之无穷。

他认为，给死去的王上谥号是子议父、臣议君，是很不合适的事情。

由此开始，与皇帝有关的一套制度初步形成，如"朕"是皇帝独享的称谓；"制""诏"是皇帝命令、文告的独特形式；"陛下"是臣民对皇帝的尊称；"乘舆"指皇帝的车马、衣服、器械百物；"玺"即皇帝之印。皇帝的亲属也有了独有的称谓，如皇帝父曰太上皇，母曰皇太后，妻曰皇后，子曰皇太子、皇子，女曰公主等。与之相联系，又有了太子制度、后宫制度、外戚制度和宦官制度等。由于年代久远和资料湮灭，其原始面貌已难以厘清了。

接着，嬴政依据"五德之运"推定了秦朝相应的一套正朔、服色、车马制度。认为周是火德，秦代周，水灭火，秦当为水德。五行中水色黑，对应的数字是六，所以衣服、旄旌、节旗皆以黑为主，各种制度皆以六为纪，如符、法冠皆六寸，而舆六尺，六尺为一步，乘六马。朝贺皆自十月朔，并更名黄河曰德水。

由于秦朝短命，秦始皇所建立的皇帝制度只是初具规模，在还没有进一步使之更加完备的情况下，秦朝就灭亡了。不过，应该承认，他所建立的皇帝制度，在许多方面都具有首创性，而这些制度绝大部分都被汉朝继承下来，稍加损益，使之更加完善。此后2000多年间，虽然历代王朝都对皇帝制度有所损益，但秦朝确立的这个制度的基本框架和精神却基本上没有什么变化。

知识链接

统一度量衡与统一文字

在秦统一全国前，度量衡方面的情况与货币相似，非常混乱。秦在商鞅变法时就对度量衡的标准作过统一规定。统一全国后，秦统治者以秦国的制度为基础，下令统一度量衡，并把诏书铭刻在官府制作的度量衡器上，发至全国，作为标准器。

战国时代由于长期处在分裂割据中，语言文字差异很大，而且东方六国的文字难写、难认，偏旁组合、上下左右也无一定规律，严重阻碍文化的交流。公元前221年，秦始皇以秦国通行的文字为基础制定小篆，颁行全国，促进了文字的统一。

中央集权的政治文明

统一中国后，秦始皇深感过去的国家组织机构已不能适应新形势的需要，于是采取一系列措施，调整、完善和加强中央集权统治。

贯穿数千年的封建专制主义制度的基本特点，也形成于秦汉时期。

战国时期，秦、齐、楚、燕和三晋，都先后通过变法进入封建社会。但同是封建制度，在各个诸侯国却有着各不相同的特点。各国的封建制度差异很大，主要表现在君主专制集权的程度上。如秦、齐、楚、魏建立封建制后，一方面实行郡县制，同时又都保留着封君制度。这些封君虽然不同于奴隶时代的诸侯，已是"封建贵族性质"，但由于这些封君贵族在各国的权力、地位和对国政影响不同，因而使各国君主专制中央集权的程度大不一样。如齐之孟尝君在当时的势力，远远超过齐国的国君，"使齐重于天下者，孟尝君也"。孟尝君和魏的信陵君、赵的平原君均保持着世袭制。楚国，自吴起变法以后，国内军政大权也始终操在屈、昭、景三家贵族之手。至于在西方的秦国情况则大不一样。秦国建国以来即保持着中央集权统治特点。商鞅变法以后，虽然也保留了封君制度，但与上述诸国的封君不同：第一，秦国封君不世袭；第二，封君的势力从来未超出君主的权力之上。像战国时期秦国势力最大的三个封君，"商君"商鞅、"穰侯"魏冉和"文信侯"吕不韦，虽然都曾权倾一时，炙手可热，但他们的权势皆建立在国君支持的基础上，一旦失掉国君支持，就会立即垮台。如商君在秦孝公死后被惠文王车裂，魏冉则因范雎向秦昭王的挑拨离间而被逐，吕不韦更因触及秦始皇的逆鳞被免相、迁蜀以至饮鸩自尽，连他门下食客也遭打击。可见，秦国的封君根本没有与国君分庭抗礼的力量，这是与齐、魏、赵、楚等国封君的重要不同之点。它表明秦国国君集权的程度远比其他各国都高。与此相应，各国的官制也有一些区别，例如在将、相之下，除秦以外多数诸侯国均设有"司徒""司寇""司空""司马"等官职，很明显，这是继承西周时的旧制。然而，秦国则是另一系统，设有"大良造""左更""中更""左庶长""庶长"等一些特有的官职。这些官职均与秦国中央集权的传统有密切关系，也显示了各国制度之间的差异。

上述种种差异，在秦统一六国以后才逐渐消失，权力的高度集中，则成为统一的秦王朝的基本特征。

权力的高度集中，首先表现在"皇帝有至高无上的权力"。国家的一切权力均操在

孟尝君墓

皇帝手中，皇帝的诏令是法权的渊源，皇帝本人是国家最高司法裁决者。权力高度集中的第一结果，必然是个人专断。如秦始皇时，"天下之事无小大皆决于上，上至以衡石量书，日夜有呈，不中呈，不得休息"。这种情况在当时被认为是由于秦始皇"贪于权势"。其实，这是制度本身造成的。皇帝只有将一切权力紧紧地掌握在自己手中，才能维持住这种君主专制的封建制度。否则，大权旁落，不仅君主个人地位不保，封建制度本身也会动摇。

权力集中的第二个结果，则是"家天下"。自秦始皇开始，就妄想世代为皇帝，他死后帝位由儿孙继承，"后世以计数，二世、三世、至于万世，传之无穷"。这种"家天下"的君位世袭，是秦正式将奴隶时代的君位继承制作为制度规定下来，一直延续了封建社会2000年之久。汉代为巩固这种君主世袭的"家天下"，又加强了宗法制，即"立嫡以长不以贤，立子以贵不以长"的"嫡长子继承制"成为君主世袭的原则。而这种宗法制又成为地主贵族、皇室对于财产和权力瓜分的重要原则。这一切均由秦汉时期确定，贯穿于此后的整个封建社会。

秦汉时代也开始实行"家天下"统治下的封建官僚政治。由于秦统一中国后总结了战国以来和东方各国官僚统治的经验，秦汉时代建立的官僚统治体系有一个明显的特点，即军、政、监察分权，相互牵制，以便于皇帝在上独断。如秦时开始确立的"三公"——丞相、太尉、御史大夫，为皇帝以下最大官职，其中丞相"掌丞天子，助理万机"，但兵权却在"主五兵"的太尉，其地位与丞相相同。又有御史大夫掌监察，虽地位略低于丞相和太尉，但其职位很重要，常在国君左右，所谓"执法在傍、御史在后"，负责秘书工作和保管文件，重要的是充当皇帝耳目，监察百官。在制度上保障三者互相牵制，任何一人也不能总揽大权，只有皇帝一人才可统理万机。地方各郡也一律置"守、尉、监"，守治民，尉典兵，监御史负责监督百姓及官吏，一直到县以下的基层，仍能看出这种组织架构。事实证明：这样的官僚系统一方面便利了地主阶级对广大劳动人民的统治，另一方面从制度上保障了皇帝的个人专断。因此，为此后历代封建帝王所继承，在以后的2000年中，不论是隋唐以后的三省六部制，还是内阁制，其基本原则都是上述三权分立，相互牵制。秦汉时期奠定了我国封建社会官僚体系的基础。

秦代财税制度的统一

公元前221年,秦灭六国中仅存的齐国,建立了中国历史上第一个封建主义中央集权的、统一的封建王朝——秦朝,结束了春秋、战国以来诸侯长期割据称雄的时代,中国进入了一个新的历史时期。秦、汉是中国进入封建社会之后的第一个重要历史阶段,从秦统一全国到东汉政权终结(公元前221—220年),440多年间,中国社会在政治、军事、经济和财税制度等方面,都发生了巨大的变化,特别是在封建财税制度建设方面,有许多重要创举,为后世封建财税制度的发展奠定了基础。

秦王朝为了巩固和加强新建的国家政权,消除由于长期分裂割据造成的地区差异,在对政治、经济进行改革的同时,在财税上也相应地采取了一系列重大措施。

1. 统一全国赋税制度

战国时期,诸侯各自为政,各国赋税制度极不统一。魏国用李悝行"尽地力之教",按田征税;秦国实行田租、口赋。自商鞅变法后,封建土地私有制在秦国得到确立,统一中国后,秦又把这种封建土地所有制推行到全国。秦始皇三十一年(公元前216年),颁布法令"使黔首自实田",即令占有土地的人向当地官府自行呈报所占土地的数额,国家据以按亩征税。在确认封建土地所有权的基础上,统一了赋税缴纳制度。

2. 统一货币

秦统一货币，币制统一后，克服了过去换算上的困难，便利了全国商品的流通和经济交流，为商品生产的发展提供了条件，也便利了国家赋税的征收。

3. 统一度量衡

战国时期，由于诸侯长期割据，各国的度量衡制极不一致，秦统一后，颁布了统一度量衡的诏书，规定：六尺为步，二百四十步为亩。凡制作的度量衡器都要刻上诏书，民间不得私造。量制：合、升、斗，十进制。衡制：两、斤、钧、石，十六两为一斤，三十斤为一钧，四钧为一石（一百二十斤）；度制：寸、尺、丈、引，十进制。度量衡的统一，不仅有利于工商经济的发展，同时也便利了国家赋税的征收。

4. 统一官俸

秦以前，官吏多为世袭，大夫、公、卿各有封地，也就是实行分田制禄，国家不需要从财政上单列俸禄支出。秦统一后，废分封，置郡县，立百官之职。官吏一律由中央朝廷任免，废除了官职世袭制，也取消了"食邑""食封"制度。官吏的生活开支，由国家确定官秩等级，按规定的俸秩标准领取俸禄。

5. 统一财政管理机构

秦代将国家财政同皇室私财政分开，管理国家财政的专职机构为治粟内史，管理君主私财的机关为少府，各设官分职。在地方，郡县也有专门人员负责财政工作。秦始皇统一财政管理措施，对于改变诸侯长期割据所造成的财政分散混乱，稳定社会政治经济，起到了积极作用，也为我国2000多年的封建集权财政奠定了基础。

统一的币制文明

秦王嬴政统一中国以后，经济迅速发展，商品流通也日益兴盛，秦朝从此进入了我国古代商品经济发展的第一个高峰期，在这个基础上渐渐形成了我国历史上第一个结构规范完整的钱币体系。

秦王嬴政（公元前210年）颁布了中国最早的钱币法，用秦国的钱币代替各国钱币，并下令废弃各国的旧钱币，在全国范围内使用秦国圆形方孔的"半两钱"。史书记载：半两钱重约8克。钱币的统一，结束了中国古代钱币形状各异、重量悬殊的情况，是我国古代钱币史上由形状杂乱向形状整齐规范的一次重要变革，也是我国历史上的第一次重要的钱币改革。

《史记·平准书》："及至秦，中一国之币为二三等，黄金以溢名，为上币；铜钱识曰'半两'，重如其文，为下币；而珠玉、龟贝、银锡之属为器饰宝藏，不为币。"《汉书·食货志》也有类似记载。根据这些记载和考古资料，秦统一货币的具体内容主要有如下几点：

1. 统一货币的种类

废止六国货币，定币制为上、下二等：贵金属黄金为上币，主要用于赏赐、馈赠等大宗交易；铜质货币为下币，主要用于日常交易、交纳赋税等。以前在一定程度上起到过货币作用的珠玉、龟贝、锡银之类都不能作为货币。贵金属黄金无非是饼锭类，并没有铜质货币那样专门正式的形制，其流通范围也有限。铜质货币早在先秦时期就十分盛行，至秦朝更被作为全

国主要的法定货币。以铜币而不是金银货币作为主币的特点，在秦朝就已经定型。咸阳长陵车站曾出土一坑废铜和六国废币，其中有齐燕刀化、三晋平首小布、楚国蚁鼻钱及长布等，除蚁鼻外均属残币，这是聚六国旧币而熔于咸阳的反映。

2. 统一货币的名称

铜质货币称"铜钱"或"钱"，取消布、刀、化（货）等名称。

3. 统一货币的形制

方孔圆钱是秦国的主要钱币，在战国晚期又通行于楚国之外的各个地区，秦统一后将其作为法定货币自然在情理之中。当然，圆形方孔也确实有自身的优点，如圆转耐磨、携带方便等。又与"天圆地方"的古老观念相呼应。于一钱之中，天地皆备，万宇一统，象征着君临万方，皇权至上。

4. 统一货币的单位

钱面均铸"半两"以记重，规定重如其文。《史记·平准书》说，西汉初年"为秦钱重，难用，更令民铸钱"，说明秦钱总体上较为厚重。《史记·六国年表》记载，秦二世胡亥即位后"复行钱"，即再一次颁布币制和发行半两钱，这次的半两钱可能减重甚多。

5. 统一货币的立法

颁布《金布律》，统一全国钱币立法。并收回铸钱权，由官府统一铸造，不许民间私铸。在云梦秦简《封诊式》中就记载有一起破获了私自铸钱的案例。

秦钱厚重，自然与私铸较少有关。但并不排除地方政府铸造的情况。例如，在安徽贵池和四川高县就出土有秦半两钱范。

总之，秦统一币制是巩固封建统治，加强国家统一的重要环节；是发展封建经济的重要手段，对扩大经济交流和市场起到积极作用。对以后的钱币体制有深远影响。这种具有宇宙观"天圆地方"含义的半两钱形制从这个时候固定下来，一直沿用到民国初期，通行了 2000 多年，成为中国钱币发展史上的一座重要的里程碑。

文化思想的统一

在秦汉以前，远者不论，就是春秋战国时代，居住在长江和黄河流域的诸民族，在思想文化方面的差异也是相当大的。从考古资料和文献记载方面，都可以明显地区分出存在着以楚为代表的南方，以齐鲁、三晋为代表的中原和以秦为代表的黄河上游西部文化三个体系，直到战国末期还是如此。如在葬式方面，当时多数地区均实行俯身或仰身直肢葬，而秦国等西部地区则实行屈肢葬。这种屈肢葬的范围，随着秦国的发展而逐渐向东扩展。在习俗方面，南方的"断发文身""披发左衽"，显然与中原的"宽袍博带""束发冠巾"迥异。秦国的艺术与中原各国也有很大不同，"夫击瓮叩缶，弹筝搏髀，而歌呼呜呜快耳者"之秦声与"其细已甚"的郑、卫之声显然属两种格调。各国的历法不同更反映了文化的差异。春秋战国时代各国分别使用三种不同的历法——夏历、殷历和周历，而秦则使用颛顼历，并与上述三种历法分别以建子、建丑、建寅之月不同，乃以建亥之月为岁首。

秦统一中国以后，随着封建经济的发展，统一的封建国家建立，文化思想才真正开始统一，所谓"书同文、行同伦"指的正是秦统一后的事实。公元前 221 年，秦始皇下令对各国原来使用的文字进行整理，规定以秦小

篆为统一书体。又令李斯、赵高、胡毋敬分别用小篆体编写了《仓颉篇》《爰历篇》《博学篇》作为标准文字范本，在全国推行。与此同时，广大群众又创造出更加简便的"隶书"，也形成一种固定的、规范化的字体。这种统一文字的措施对我国2000余年文化的发展有着深远的影响。

"行同伦"反映了思想的统一。秦始皇时代下令"以吏为师"，推进了思想统一的步伐。汉代自董仲舒提倡"罢黜百家，独尊儒术"以来，儒家思想的主要部分，即祖宗崇拜与孝道，则逐渐成为普遍的伦理规范。这些伦理思想的形成，与汉代立太学、郡学、授五经以及种种的文化措施是分不开的。正如董仲舒所说"明教化民，以成性"（《汉书·董仲舒传》）。秦汉时代的统治者利用统一的国家机器，相对地达到了统一思想和伦理规范的目的。

知识链接

焚书坑儒

焚书：秦始皇为了统一思想、钳制人口，下令除秦记和讲医药、占卜、种树一类的书以外，凡是各国史官所记的历史书，凡是史官所不需要的书，全部烧掉，这是一场文化浩劫。坑儒：秦始皇认为儒生乱发议论，妖言惑众，就亲自圈点了460余人一律杀掉。这是压制言论的残酷手段。这样，秦朝以前的许多历史事实和学术思想从此失传。这是秦始皇摧残中国多元文化的一大错误之举，使中国的文化事业遭受了一次重创。

董仲舒的大一统文明思想

董仲舒（约公元前179—前104年），广川（今河北景县）人，他从青少年时代起即博览先秦诸子著作，对《公羊春秋》和阴阳五行学说进行了刻苦的钻研，曾"三年不窥园""乘马不觉牝牡"，达到如醉如痴的程度。因而很快声名大震，下帷讲学，被汉景帝任为博士。汉武帝即位后，"举贤良文学之士"，他三次参加对策，详细阐述了天人感应、君权神授理论，并提出"罢黜百家，独尊儒术"的建议，得到汉武帝的赏识，被派到江都王那里当了六年国相。公元前135年，他借长陵高园殿失火和辽东高庙失火推演灾异，下狱当死，后被赦免，罢官家居，教了十年《公羊春秋》。公元前125年，经公孙弘推荐，担任胶西王的国相，于公元前121年以老病为由辞职回家，从此结束仕禄生活，"以修学著书为事"。但仍然受到汉武帝的尊宠，"朝廷如有大议，使使者及廷尉张汤，就其家而问之"。后来张汤把询问他的部分材料，整理为《春秋决狱》一书。据《汉书·董仲舒传》记载，他有著作123篇，但流传下来的只有《春秋繁露》一书。

董仲舒是汉代新儒学的创始人，他建立的新儒学是由天人感应的神学目的论、君权神授说和专制主义大一统的政论以及性三品说和三纲五常的道德观所组成的。

董仲舒把墨家的天鬼观念和思孟学派的天人合一论点，用邹衍的阴阳五行说加以改造，进一步神化天人关系，创造了一套天人感应的神学目的

论，认为天是"万物之祖""百神之大君"，是明察秋毫、赏善罚恶的自然界和人类社会的最高主宰。自然界的四时运行、人类社会中的尊卑贵贱，都是天神"阳贵而阴贱"意志的体现。他又用五行相生、相胜附会君臣、父子之道，神化封建制度。他进而认为，天既安排地上的正常秩序，同时又监督这种秩序的运行。如果君主治理有方，国泰民安，天就出示祥瑞（凤凰、麒麟等），表示赞赏。如果君主有了"过失"，天便降下灾异（各种自然灾害）加以谴告；如不省悟，天就变易君主，另择贤能，这就叫天人感应。为了论证皇权的永恒性，他又鼓吹"道之大原出于天，天不变道亦不变"的形而上学思想。这里的"道"，实际指的是全部封建社会制度，而这些东西却是"万世无弊"的。既然如此，改朝换代又怎样解释呢？董仲舒提出"三统""三正"的理论，认为每一王朝代表一统，共有黑、白、赤三统，夏为黑统，殷为白统，周为赤统，与之相适应，应有不同的岁首，夏以阴历正月为岁首，殷以十二月为岁首，周以十一月为岁首，这就是"三正"。"三统""三正"周而复始，王朝的更替也就只是表现为"改正朔，易服色"，而"道"却是永世不变的。这种循环命定论的历史观所论证的，恰恰是封建制度的不变论。

董仲舒的认识论是典型的唯心主义先验论。他认为认识的目的是"发天意"，其途径有两条。因为自然界和人类社会的变化都是由天主宰，所以仔细观察自然和人事的运行即可体察天意。又因为"人副天数"，宇宙的真理也就蕴涵在自己身上，通过内心反省，也可以体会到天意，这就是"道莫明省身之天"，这两种途径运用结合起来，就是"内动于心志，外见于事情，修身审己，明善心以反道者也"。

董仲舒提出了性三品说，认为极少数人从上天那里承受的"圣人之性"，是理所当然的性善者。大部分人生来性恶，是天生的卑贱者。一部分人具有可善可恶的"中民之性"，即通过圣人的教化可以去恶从善。在董仲舒看来，所谓善就是符合三纲五常的道德标准，"循三纲五纪，通八端之理，忠信而博爱，敦厚而好礼，乃可谓善"。反之，反抗封建制度，破坏封建礼教，违背封建道德，就是十恶不赦了。

董仲舒是一个对现实社会十分敏感的清醒政治家，他在汉武帝统治的极盛时期，已经锐敏地观察到走向激化的社会与阶级矛盾。为了稳定封建统治，他鼓吹"君权神授""受命之君，天意之所予也，故号为天子"。天子"立于生杀之位，与天共持变化之势"，为了使人君保持绝对的权力和威严，必须在政治上加强专制主义的集中统一，"《春秋》大一统者，天地之常经，古今之通谊也"。同时把全国臣民的思想纳入儒学的轨道，实行"罢黜百家，独尊儒术"的政策。董仲舒一方面看到专制主义中央集权需要在思想上和政治上树立君主的绝对权威，同时也隐隐觉察到不受限制的君主权力一旦为所欲为，也会给国家和社会带来意想不到的灾难。于是又在君主之上精心设计了一个天神，希望利用它来对君主加以约束："且天之生民，非为王也，而天立王以为民也。故其德足以安乐民者，天予之；其恶足以贼害民者，天夺之。"天的护佑毕竟靠不住，他于是更多地把注意力集中在"贤才"的选取、培植和任用上。他深知贤者对国家兴亡有着至关重要的作用，"任非其人，而国家不倾者，自古至今未尝闻也。……任贤臣者，国家之兴也"。他对当时官场出现的"廉耻贸乱""主德不宜，恩泽不流""暴虐百姓，与奸为市"等现象痛心疾首，要求选任官吏"毋以日月为功，实试贤能为上，量材而授官，录德而定位"，反对"累日以取贵，积久以致官"的论资排辈的恶习和任子制度，提出"兴太学""举贤良"等办法，在社会上广泛选取有德才者为官吏，以扩大统治基础。这些观点是值得肯定的。董仲舒反对对劳动人民一味施以严刑峻法，主张以德教为主，以刑罚为辅。他说："王者承天意以从事，故任德教而不任刑。刑者不可任以治世，犹阴之不可任以成岁也。为政而任刑，不顺于天，故先王莫之肯为也。"

董仲舒

他敢于面对现实，以比同时代人更锐敏的眼光揭露"富者田连阡陌，贫者无立锥之地"的社会现实，指出劳动人民"或耕豪民之田，见税什伍""常衣牛马之衣，而食犬彘之食"的悲惨境遇，与贵族官僚豪富们"戴高位""食厚禄""食利而不肯学义"，横暴骄逸形成鲜明的对比，提出了一系列缓和社会矛盾的主张："限民名田，以赡不足，塞兼并之路。去奴婢，除专杀之威。"这是两汉历史上第一个关于土地、奴婢的改良方案。又提出"不与民争利"以及"薄赋敛、省徭役""盐铁皆归于民"等经济政策，反映了他对汉代社会矛盾的清醒认识和对解决矛盾的积极态度。

　　董仲舒创立了今文经学，开启了儒学神学化、儒家宗教化、孔子教主化的进程，为封建统治找到了较为理想的意识形态。他的学说，为稳定和巩固大一统的专制主义中央集权的统治起到了重要作用，对于形成以汉族为主体的中华民族的心理特征，产生了不可估量的积极影响。他与汉武帝一起，作为西汉鼎盛时代杰出人物的代表是当之无愧的。

知识链接

何谓"春秋决狱"

"春秋决狱"又称"经义决狱",是一种审判案件的推理判断方式。在西汉中期儒家思想取得正统地位后,董仲舒等人提倡以《春秋》大义作为司法裁判的指导思想,凡是法律中没有规定的,司法官就以《诗》《书》《礼》《易》《乐》《春秋》六经中的思想作为判决案件的依据;凡是法律条文与这些儒家经义相违背的,则儒家经义具有高于现行法律的效力。董仲舒的有关断狱案例,还曾被汇编成10卷本的《春秋决事比》,在两汉的司法实践中被经常引用。

扩展阅读　开国皇帝汉高祖

汉朝是中国以强大先进的面貌屹立在世界东方的开始。

汉朝的创立者是汉高祖刘邦,他生于公元前256年,死于公元前195年。

汉王五年(公元前202年)二月,刘邦登基称帝,建立汉朝。五月,刘邦在洛阳南宫大宴群臣,并与群臣总结楚败汉胜的经验。有人说:"陛下能跟属下同利,谁能攻城夺地,您就封他为王。项羽残害功臣,猜忌贤者,所以会失去天下。"刘邦说:"你们只知其一,不知其二。要说运筹帷幄之中,决胜千里之外,我不如张良;治理国家,安抚百姓,筹备粮饷,支援前方,我不如萧何;率领百万大军,战必胜,攻必克,我不如韩

信。这三个人,都是当代的大豪杰,我能重用他们,就是战胜项羽、夺取天下的原因。"

由于农业在楚汉战争中遭到破坏,汉初经济十分困难,粮食严重不足,每石米价高至五千钱到一万钱。富商巨贾和大工商主趁机囤粮居奇,抬高粮价,牟取暴利。有的奸商用铅铁铸钱,冒充铜钱使用,更使货币泛滥,物价腾贵。刘邦认为,农为本,商为末,要想平抑物价、稳定人心,必须打击奸商,发展农业生产。因此,在登基之初,刘邦就采取了重农抑商政策。主要措施是:

(1) 让大批士兵复员,并解放部分奴隶为平民,增加农业劳动力。刘邦宣布,因饥饿而自卖为奴婢的,全部解放为平民。士卒复员后留在关中从事农业生产的,免除徭役12年;回到家乡务农的,免除徭役6年。

(2) 执行轻税薄赋政策,让农民休养生息。秦时政府收取的田租,相当于农产物的一半还多;汉初政府大量减租,收取的田租只相当于农产物的十五分之一。

(3) 从政治、经济和社会地位各方面,打击和压抑商贾。汉朝政府规定,不许商人及其子孙任官,不许商人佩带兵器,不许商人乘车骑马,不许商人穿绵帛等精细织物,商人和奴隶税赋加倍。由于执行了这样一些政策,农业经济得到迅速恢复。

汉朝建立后,简单的约法三章已经不能适应统治国家的需要。于是,刘邦让萧何制定刑律,让韩信整顿军法,让张苍改定历法和度量衡,让叔孙通制定礼仪规范。萧何在《秦律》六章基础上予以增删,订立《汉律》九章。叔孙通以秦朝礼仪为蓝本,制定了汉朝礼仪。《汉律》禁止诸侯王擅自增加赋税和徭役,对不依法向中央政府供应军需者规定严惩,突出了维护中央权威的内容。

威胁汉初政治稳定的主要因素,是诸侯割据的局面依然存在。刘邦是反对诸侯割据，主张国家统一的。在平定三秦过程中，他就一举收回了雍王章邯、塞王司马欣、翟王翳、河南王申阳、魏王豹、殷王司马卬的封地，表明了维护国家统一的立场。但是，在楚汉相争不下时，为了孤立和打击项羽，他又不得不分封彭越、韩信、英布等兵力雄厚的将领为王。加上归汉诸王，在汉初与各郡县并存的，有七个异姓诸侯王。他们是：燕王臧荼、韩王信（韩国贵族，与韩信不是一人）、楚王韩信、梁王彭越、淮南王英布、赵王张敖、长沙王吴芮。诸侯王拥有封地，辖有军队，不断凭借封地发动叛乱，阴谋夺取政权。

　　公元前202年，距刘邦称帝还不到半年，燕王臧荼就领兵叛乱。刘邦迅速出兵，平定了叛乱。公元前201年，有人告发楚王韩信意图谋反。刘邦假称要巡游云梦，命令楚王到陈留相会。当韩信如期赶到时，刘邦下令将他逮捕，贬为淮阴侯。公元前199年，赵王张敖的丞相贯高谋害刘邦未遂，刘邦将张敖贬为宣平侯。公元前196年，诸侯王叛乱达到高潮。先是楚王韩信趁刘邦出征的机会在长安谋反，被皇后吕雉和相国萧何机智地诱进宫中处死。接着，梁王彭越的部下告发他谋反。刘邦派使者到定陶，出其不意地将他逮捕，先废为平民，随后处死。不久，淮南王英布又在封地大举叛乱。年已老迈的刘邦不顾体弱多病，率领大军东征。英布战败后逃走，途中被当地百姓所杀。韩王信于公元前201年投降匈奴，并勾结匈奴贵族入侵边疆。刘邦亲自带兵征讨，于公元前196年击杀了韩王。这样，汉初异姓王在7年间发动的9次叛乱都被刘邦平定，刘邦在平叛之后不再分封异姓王。平定异姓王叛乱，既巩固了刘邦家族的统治，也维护了国家统一。

　　刘邦是一位有远见的开国皇帝，在取得平叛胜利后，他没有喜而忘忧。公元前196年，刘邦东征英布凯旋还师、路过故乡沛县时，召集家乡父老们宴饮。在酒席宴上，刘邦回顾了自起兵沛县到创立汉朝的艰辛历程，不禁慷慨高歌。他一边击打乐器，一边高唱即兴而编的《大风歌》：

"大风起兮云飞扬,威加海内兮归故乡,安得猛士兮守四方!"他看到,在风云激荡的岁月里,一个强大而顺应历史潮流的王朝虽已建立,但巩固政权的任务还十分严重,他希望有更多的猛将勇士起来保卫边疆、捍卫统一。刘邦在东征英布时受了箭伤,伤重不治,于次年四月二十五日在长安逝世,终年 61 岁。

第二章

四通八达
——畅通无阻的秦汉交通文明

政治的稳定、经济的发展与文化的统一,都与交通条件有着密切的关联。秦汉大一统王朝的建立,使中央政府直接管辖的区域大大扩展,由于加强统治的需要,迫使统治者大力改善交通条件,秦汉时期交通的空前发展就证明了这一点。

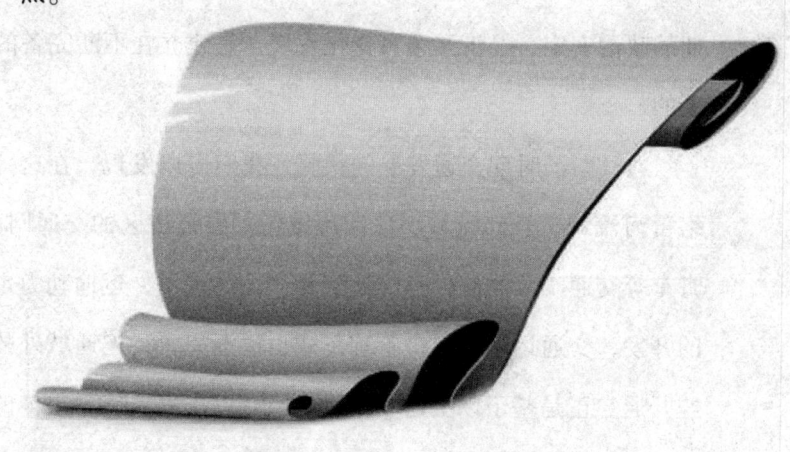

"车同轨"促进交通文明进步

秦汉时期的"车同轨",就是使全国车辆开始使用同一宽度的轨距,这也就意味着车上的主要零部件都有了统一标准,部件的更换也更加迅速方便。这种"标准化"的要求和方法无论在当时还是今天看来都是很先进的,它适应了秦朝全国土木工程和战争等方面长途运输的需要,对道路修建方面提出了更高的要求,具有巨大的经济价值和社会效益。这也是"车同轨"的又一项历史功绩。

在秦朝,"车同轨"的实现带动了我国古代的道路建设,客观上促进了古代交通的迅速发展。而交通的进步对于我们民族文化共同体的形成和发展有重要的影响。

"车同轨"的实现,在一定意义上提高了政权的行政效率,促进了不同经济区域的贸易往来,也消除了各地文化交流的障碍。可以说,秦汉时期的政治安定、经济繁荣和文化发展,是建立在不断完备的交通运输系统上的。

通过秦汉时期交通发展的状况,我们可以发现,在这一历史阶段,联络黄河流域、长江流域、珠江流域各主要经济区的交通网已经基本构成,舟车等交通工具的制作已经达到相当高的水平,运输动力也得到空前规模的开发,交通运输的组织管理形式也逐渐完善,连通域外的主要交通线已经开通。正是基于以上这些条件,当时以华夏民族为主体的多民族共同创造的统一的文化——汉文化已经初步形成。

汉代帝王同样也将交通建设看作执政的重要条件。在《汉书·武帝纪》中记载着汉武帝时开通往"南夷"地区的道路、平治雁门地区交通险阻等事迹。据《史记》中的记述，著名的褒斜道的经营和漕渠的开凿，也由汉武帝亲自决策施工。王莽通子午道，汉顺帝下令罢子午道、通褒斜道等史实，也都说明了最高权力中枢规划组织对交通工程建设的重视。交通建设的成功对于汉王朝开边拓地的事业有显著的意义。与汉地相隔绝的西域诸国之所以和汉王朝实现了文化沟通，与丝绸之路的开通有着密切的关系。汉武帝重视优良马匹的畜养，使军队的交通能力切实提高，后方的军需供应也得到保障，继而出师匈奴，改变了北方经常受到匈奴侵扰的局面。交通建设的成就，使大一统帝国统治的广度和强度都达到空前的水平。

交通的进步，还使得行政效率得到保证。中央政府的政令，可以借助交通系统的作用，迅速、及时地传达到基层，因而大多国家政策能够有效地落实。每当遇到政务军务紧急的时候，还往往通过驿传系统提高信息传递的速度。正是以此为基础，大一统的政治体制能够成立并且得以维持。

交通进步为大一统国家经济的运行提供了便利。

秦汉大一统政权建立之后，海内连成一体，众多关卡禁限多被打破，富商大贾得以"周流天下"，四处行商，商品贸易发展起来，社会生产和社会消费都冲破了原有的比较狭隘的地域界限。《史记》中说的"农工商交易之路通"就是以当时交通建设的成就为条件的。

利用当时的交通条件，政府可以及时掌握各地农业生产的实际状况，进行必要的规划和指导。当遭遇严重的自然灾害时，可以调动运输力量及时组织赈救。安置流民以及移民垦荒等政策，也是通过交通方式落实的。

秦汉时期，交通成就对于经济发展的有力推动，还突出表现为当时商运的空前活跃。物资的交流极大地繁荣起来，也使得经济生活表现出前所

未有的活力。以繁忙的交通活动为基础的民间自由贸易，冲破政府抑商政策的重重阻碍，对于秦汉时期的经济繁荣表现出显著的历史作用。

秦代交通运输管理

秦王称帝后，继续坚持秦国的法制传统，对全国政治经济文化生活实行全面、彻底的法制管理。

1. 在全国推行《秦律》，严格执行《司空律》《徭律》等法规，保证交通事业的顺利进展

秦始皇是极其重视以封建法制来治国的。他把"大圣作治，建定法度"（《秦刻石》）定为自己的施政目标，要求全国上下"一切皆断于法"。因此，在全国规模的工程建设与交通管理方面，他也紧紧掌握住了地主阶级的法制武器。在筑驰道、修长城这类全国性土木工程中，他特别注意发挥法律的保证作用。《秦律》中的《司空律》《徭律》等就是为了保证工程建设的按期按质按量完工而制定的。按《司空律》与《徭律》的要求，全国徭役与兵役一起，由国家统一安排，集中调度，统筹使用。任何部门，任何地区，任何个人都不得任意占用劳动力。当时，秦国总人口据估计不超过二千万，修长城调集三十万民夫，戍岭南调集五十万民夫，筑驰道使用二十万民夫，为他自己筑阿房宫、骊山墓使用民夫七十万，如此浩大的劳动大军，在离开土地的情况下，如果没有中央政权的强有力的控制、组织与安排，恐怕是谈不上办交通工程之类的大事业的。

秦中央政府之所以能保证交通工程的完工，关键还在于如何发挥全国劳动力的效用，保证工程建设的进度与效率。《徭律》规定："失期三至五日，谇；六日到旬，赀一盾；过旬，赀一甲。"这一规定看来并不十分苛刻。然而，在执行中，实际掌握则是从严的，到秦二世时，则变得非常苛毒了。当时，国家征调的民夫，包括刑徒在内，都必须按期到达指定岗位，否则严惩，严重的要杀头。（参见《史记·陈涉世家》）。同时，各项工程开工之后，由工程负责人就所确定的责任工段进行测算，将工程量及所需人力物力等等作出测量与匡算，上报国家。经批准之后，由朝廷以《命书》的形式下发有关人员，然后组织施工。若工程质量与工程进度不符合要求，主持者要负法律责任。《徭律》说："度功，必令司空与匠度之，毋独令匠。其不审，以律论度者，而以其实为徭徒计。"这是说，测算工程量，要由政府委派的官员与工程技术人员一起进行。不许让技术人员单独测算。根据测算的工程量征集徭役。假如工程计算本身不符合实际，要追究"度者"的法律责任。不合国家标准的工程要推倒重来，所花费的人力由所有的该工程参加者自负，"令其徒复垣之"，即在国家规定的服役期限之外，额外加时重修。由此，我们即可明白，秦代那么多巨大工程是在怎样一种严密的组织指挥之下实施的了。

2.《秦律》中有保护合法通行，禁止非法通行的律文，维护了必要的交通秩序

春秋战国以来，征战不休，加上各种天灾人祸，人口的流动量与损耗量都很大。另外，各国统治者竞相招诱别国劳动力，裹胁小国弱国人口作大幅度迁移，大量不事产业的游食之徒也充斥于社会。这些情况，都会造成交通秩序的混乱。制止非法通行，保护合法通行就成了统一政权必须解决的课题之一。《秦律》中的《游士律》《戍律》《捕盗律》《行书律》《传食律》及《关市律》等等，都有相应条文对合法通行做法律规范。比

如：国家各级各类公务人员出差外地，必须持有符节，以证明自己的身份与任务性质；一般人员要迁徙旅行，必须有符传，证明自己的旅行合法；商贾在交验身份符传的同时，要交纳商品税、过境税，取得"市籍"，然后才能合法经营。同时，政府对旅馆业实施严格管理，旅店主人负责检查旅客符传并进行登记。没有符传或伪造符传者不得投宿，如接待投宿，则旅客与旅馆主人一同治罪。关卡城门要核验过往人员的身份，对行人的符节、符传不作认真检查或检查而不能发现作伪情况并放行者，要受到行政处罚。凡冒名顶替、改动符传者，交当地执法机关惩处。

为保证合法通行者的安全，《秦律》规定："有贼杀伤人冲术，偕旁人不援，百步中比野，当赀二甲。"就是说，如有凶犯在交通要道上杀伤了人，在场的人不援助受害者，百步以内，按野斗处理，罚款（实物）两领衣甲。《秦律》还规定：驿传旅舍的主持者要负责旅客人身与随身财产的安全，保证旅客的合法供应。防火救火、防盗捕盗、巡逻守更，是传舍啬夫（负责传舍的官员）应尽的责任。

3. 制定驿传法规，确保邮驿的正常运行

秦代总结西周以来各国各地邮驿传统的经验，确定了一套通行全国的邮传体制：为政府传递公文的叫邮，为在途政府人员提供车马食宿条件的叫传（传舍）。另外，在交通干线上每隔十里设一个亭，此亭起接待站的作用，同时负责所在地段的治安管理，负责维护旅客的人身与财产安全。

秦政府对于传舍、邮亭设施的配备、保管、维护、使用，均有明确的法令规定。比如，《秦律·传食律》就规定：传舍有责任给各级各类在途公职公务人员提供交通运输工具和食宿条件。至于提供的标准，则《传食律》有具体条文规定：不同级别的在途公职公务人员，有权利按自己的身份级别索取合法的食宿待遇。传舍方面克扣或超额提供食宿条件者，或使节公差方面任意索要超额待遇者，都要受到行政处分。传舍的开支要定期结算，有余要上交国库，不得截留。索取超额供应者依律查处。同时，如有破坏传舍设施者，挪用传舍车马用具者，使用传舍设备不得法而有磨损折耗者，都要依情节查处，或罚金（赀），或刑惩。正因为有了这许多法律条文，秦代交通邮传才能正常运转。但到秦二世时，便随着国政的衰乱而败坏了。

4.为了保证国家军令政令的迅速、准确、安全传递，《秦律》中有《行书律》等专门法规进行法制管理

《行书律》规定：负责邮递的行夫，必须是忠诚可靠、身体健康的服役者，"隶臣妾老弱及不可诚仁者勿令"。公文函件在传递过程中，每一次交接都应登录清楚受授双方的人名、时日、邮件完好程度与件数等，如发现邮件磨损、丢失等情况，要及时上报，采取补救措施，同时追究有关人员的责任。显然，这是为中央集权制服务的通讯措施。

《秦律》对发伪书者，予以行政处罚。

文书有不同种类。凡皇帝诏命，征召命书，以及写上"急"字字样的急递文书，要求随到随发，不得羁延耽误；一般文书，只要当日发出，不给积压就行。对于传递公文者，所过郡县不得阻拦其公务；如发现阻拦截夺，要追究县令、县尉的责任。因为县令主管一县政务，而县尉是负责治安管理的，他们有责任保证邮递行伕快速传递公文函件。

《秦律》中涉及交通运输与邮传的法律条文很多，其中有些条款，由于长期的执行，变成了一种习惯做法，后世将这类法规从国家刑律中删除掉，并不意味着其要求被取消了；有些法规，在后世更是得到了强化，那是时代发展的缘故。

秦代交通，在严密的法制管理下，第一次得到了全国性的有组织的拓展。秦代邮路，以咸阳为中心，以驰道为主干向全国辐射，"西涉流沙，南尽北户，东有东海，北过大夏"（《琅玡刻石》），覆盖了全部国土，确立了一切服从国家、完全为军政活动服务的基本交通体制，为汉代交通事业打下了基础。

知识链接

法律制度的完善

我国史学界一般认为，春秋战国时期是我国由奴隶制社会向封建社会的过渡时期。公元前221年，秦灭六国而建立了大一统的帝国，标志着中国正式进入了封建社会。因而，封建的法律制度，自然也就应由《秦律》算起。其后经两汉、魏、晋、南北朝，直至隋、唐，进入封建社会的鼎盛时期，封建法律也发展得相当成熟和完备。

中国古代的刑书律典，绝大部分皆已散失亡佚。究其原因，一是战乱不已，多有损毁；二是人为的禁焚，尤其是秦始皇一道焚书令，将以往的一切史书典籍除秦国的官方史书及农、医书籍外，全烧为灰烬。因此，现有文字可以考据确证者，只能从《秦律》开始。秦以后又多次战乱，历朝律典多已毁弃。值得庆幸的是，我国的考古工作者于1975年12月在湖北省云梦县城关一个叫"睡虎地"的地方，从第11号秦墓中发掘出一批保存完好的竹简，其中抄录有《秦律》的许多条文以及当时的一些案例和"法律问答"，这极大地丰富了人们对于《秦律》的认识。

《秦律》是中国封建法制的始创，无论其内容还是形式，都对以后的历朝立法有深远的影响。尽管《秦律》的大部分内容多已散失，但它在中国法制史上的显著地位，是不可磨灭的。

多样化的秦汉交通工具

秦汉时代的人们所使用的交通工具可以按照陆路与水路交通而分作两大类,陆路以车为主,水路则是利用船只航行。

1. 陆路交通工具:车、牛、马

秦汉时的陆路交通工具,大体上仍为车、牛、马。

先秦时期,牛车和马车都已经出现了。但是其车型和用途都和秦汉时代有不同之处,牛车被称作大车,马车被称作小车。马车比较便捷,所以常常做兵车之用,也叫"戎车"。但在汉代,车战已退出了军事活动,马车的功能主要表现为载人之用。

东汉时,有用鹿车者,各史志不载,不知所由始。《后汉书·列女传》说,鲍宣妻"著短布裳,与宣共挽鹿车"。《魏志·司马芝传》也说:"以鹿车推载。"鹿车大概是一种极简陋的车,或者就是后世的小车所由起,也不可知。但鹿车之名,不知何所取义。

此外,东汉张衡创指南车,宋有记里车,名虽称车,而作用和车不同。三国时,诸葛亮制木牛流马,名为牛马,却可认作车类。《宋书·礼志》说:"指南车……后汉张衡始复创造。汉末丧乱,其器不存。……(魏)明帝青龙中,令博士马钧更造之,而车成。晋乱,复亡。石虎使解飞,姚兴使令狐生又造焉。(晋)安帝义熙十三年,宋武帝平长安,始得此车。其制如鼓车,设木人于车上,举手指南。车虽回转,所指不移。大驾卤簿,最先启

行。此车，戎狄所制，机数不精。虽曰指南，多不审正。回曲步骤，犹须人功正之。范阳人祖冲之有巧思，常谓宜更构造。宋顺帝升明末，齐王为相，命造之焉。车成，使抚军丹阳尹王僧虔、御史中丞刘休试之。其制甚精，百屈千回，未尝移变。"又说："记里车，未详所由来。亦（宋）高祖定三秦所获，制如指南，其上有鼓。车行一里，木人辄击一槌。"这对于指南车的历史，以及它与记里车的形制，都有简明扼要的叙述。这两种东西，虽不能乘人运输，但对于交通上也是很有帮助的。不过，它们始终为皇帝所专有，在交通工具发展历史上，不过仅仅是两种奇器罢了。木牛流马，是诸葛亮所制为运输军粮之用，其制作方法，在《蜀志·诸葛亮传》注中称举甚详。这两种东西，虽较指南车及记里车施用较广，但对于后来运输工具之发展上，也是没有什么影响的。

马，或驾车，或单骑，在秦汉时已非常普遍。《史记·平准书》记汉武初年，长安的情形，说："众庶街巷有马，阡陌之间成群，而乘字牝者摈而不得聚会。"这可见西汉盛时马之繁殖及用马的普遍之一斑了。

牛，秦及汉初贵族皆不服用。汉武帝时，渐有用以驾车者。《晋书·舆服志》说："古之贵者，不乘牛车。汉武帝推恩之末，诸侯寡弱，贫者至乘牛车。其后稍见贵之。自灵献以来，天子至士遂以为常乘。至尊出朝堂举哀乘之。"

除马、牛外，晋时更有用象用羊驾车者。但这种事情，毕竟很少见，不能算是日常用的交通工具。"橐驼，骡驴，作为负载之用者，汉时应视战国时为盛。汉之西北边上，当产此类动物不少。"这两种动物的利用，在中国北部更当有很大的发展。

汉代的陆路交通工具还存在着运载货物的辇和鹿车，这两种车的最大特点在于都是用人力来充当牵引动力。

人力车的第二种类型是鹿车。所谓鹿车有两个特征：一是手推而行，二是独轮车。《风俗通义》记载："鹿车窄小，裁容一鹿也。……无牛马而能行者，独一人所致耳。"（《太平御览》卷775引）清代瞿中溶《汉武梁祠画像考》说鹿车之鹿："当是鹿卢之谓，即辘轳也。"就是将鹿车的独轮比作辘轳。（《汉代物质文化资料图说》）不论文献做何种解释，都意在说明独轮车之小。鹿车适宜在比较狭窄的道路上通行，其负重虽不可能太重，但也完全可以装载一百公斤重的物资。孙机先生考证说，同类的独轮车，欧洲直到公元12世纪以后才出现，比中国至少晚了1300余年。

秦汉时期，人们在陆路交通上也更多地采用骑乘的方式，这也是当时最为便捷也最为简易的交通方式。《汉书·五行志》记载西汉成帝便装出行访视民间，所带随员："或皆骑，出入市里郊野，远至旁县。"说明骑乘在秦汉时期不仅用于军事需要，也大量用于民人及官吏出行所需。

2. 水路交通工具

"旱路资车，水路资舟。"中国先人很早就开始了水路航行活动。《易·系辞》上说："刳木为舟，剡木为楫，舟楫之利，以济不通，致远以利天下。"到了秦汉时期，我国古代行船仍以击楫划水带动船行为基本手段。《史记·佞幸列传》说汉代的宠臣邓通"以濯船为黄头郎"，即用楫（船桨）划船得到皇帝宠幸，因而做了黄头郎官。

在《汉书·百官公卿表》中记载汉代政府专门为此设有职官楫濯令、丞等，许多场合或行文也用楫来代指舟船。

船的种类很多，形状各异，大小及内部设置也各有不同，可以按规格和型号来划分。一般情况下，在内河行船，船体一般不大，底部平坦，船的首尾两端分别上翘，船头安放有桨，船尾则安放舵。一般小型的舟船需一桨一舵，较大的船只则有四桨一舵，甚至更多。

湖北江陵凤凰山汉代墓葬遗址出土的遣册记文中就有"大舟皆廿三桨"的记载。孙机先生推测此船共有桨十一对，舵一只。汉代人在舵的使用上

有了重大改进，舵的作用本是用于控制航向的。汉代的舵，其形状类似桨，但比桨大，到汉代后期，进一步形成舵楼，也就是有了驾驶舱室，并且舵的位置也由船的中部一侧移向船尾居中，这样一来，控制舟船航行方向的准确度就大大增强了。

汉代还出现了单人或双人小艇，即后来的舢板。这种小艇的速度较快，也比较灵活。汉代的中小型船只中，还有一种被称作"艄"的船。这种船的外形看起来船身较短，但船体的横断面却较宽，载重量一般为三十石。

汉代规格最高的船是楼船，船体比较大，楼船高度可达十多丈。广州汉代墓葬出土的随葬明器中即有木楼船模型，楼船高度为三层，一般也多用于水军和水上军事活动。装载人员和物资的数量也非常可观。

秦汉时期，海上交通从渤海、黄海直到东海和南海，到处可见船踪帆影，一些较大的海船更远航至印度支那半岛，甚至远航到印度洋，《汉书·地理志》和《后汉书·马援传》都有这方面的详细记载。无论是内河航运，还是海上运输，秦汉时期，我国的水路交通都十分发达，商船有时结队而行，江湖之上，舟舸行驶穿梭，昼夜不断，三国时吕蒙袭取荆州即伪装成商船。水路的畅达使秦汉的陆地与水上通道交织而行，形成了一个完备的水陆交通体系，它对秦汉经济、商业和文化的交流提供了方便的媒介条件。

秦朝马车

各地区之间的联系进一步加强,文化的传播更为广泛和深入,祖国内地与沿海的沟通成为现实,人们的活动空间和视野更为宽广。正因如此,秦汉交通工具的完善和进步成为支撑秦汉交通的最强有力的依托。

历史上最早的"国道"

秦始皇统一中国后,"车同轨",兴路政,修建了大量的道路,其中最宽敞的道路,称为驰道,即天子驰车之道。驰道是中国历史上最早的"国道"。

公元前221年,秦始皇统一六国,统一后的第二年,他就下令修筑以咸阳为中心的、通往全国各地的驰道。著名的驰道有九条,有出今高陵通上郡的上郡道,过黄河通山西的临晋道,出函谷关通河南、河北、山东的东方道,出今商洛通东南的武关道,出秦岭通四川的栈道,出今陇县通宁夏、甘肃的西方道,出今淳化通九原的直道等。从《汉书·贾山传》中得知,秦驰道在平坦之处,道宽五十步(约六十九米),隔三丈(约七米)栽一棵树,道两旁用金属锥夯实,路中间为专供皇帝出巡车行的部分。

驰道是皇帝的专用车道,大臣、百姓,甚至皇亲国戚都没有权利在驰道上行走。这种驰道在秦汉时期也最为流行。

在今天的河南南阳的山区里,人们惊奇地发现了类似于今天"轨路"的古代轨路。经过科学分析,这种古代的"轨路"是2200多年前的秦朝遗留下来的。这种轨路的原理和现代铁路相似,还是复线,只不过它不是用

蒸汽机车牵引的火车，而是用马力拉动的马车。

现在铁路不是铁铸造的，而是轧制的钢轨。秦始皇时代的"轨路"当然也不是铁铸造的，而是用木材铺设的。作轨道的木材质地坚硬，经过防腐处理，至今尚保存完好。不过枕木已经腐朽不堪，显然没有经过防腐处理，而且材质也不如轨道坚硬。但历经2000余年，今天还能够看出其大致模样。

经过测量人们发现，秦始皇时期的"轨路"，其枕木之间的距离正好和马的步子合拍。马匹一旦拉车到了轨道上，就不由自主地飞快奔跑起来，几乎无法停下。那么马车最后又是怎么停下来的呢？相关专家认为，当时一定还存在专门的车站，在车站枕木之间有木材填充平整。马匹在这里喂饱喝足，休息调整，一旦需要，套上车就能飞驰，马不停蹄。到了下一车站，由于枕木之间已经填充平整，马很自然地就会逐渐减慢速度，最后停下来。这时候就可以换上另一匹吃饱休息好的马，继续飞驰前进。这样，马车在轨道上行驶起来的速度就会很快。由于使用轨道，摩擦力大大减小，所以马也可以一次拉很多货物。很显然，这是一种十分节省使用马力的方法，或者说是一种效率极高的方法。公认的速度至少应该一天一夜六百公里，有的人更认为是七百公里，这在当时已经是极快的速度了。拥有了这样的交通系统，难怪秦始皇可以不用分封就有效地管理庞大的帝国，并且经常动辄几十万人的大规模行动了。

有不少专家认为，该"轨路"是秦始皇灭楚国时修建的，目的是进行后勤补给。因为秦灭楚国时曾动用了六十万军队，后勤补给需求量一定很大，所以修建了这条铁路，以满足战争需要。但是也有人说，秦始皇灭楚国时使用过这条轨路固然不难想象，但单从技术上来看这个工程也已经非常成熟，不是临时需要才想出来的，所以决不会是个别的工程。

以前一般认为秦始皇修建的驰道是"马路"，现在看来应该是"轨路"，由于马匹在上面飞驰，故称之为"驰道"。历史记载，秦始皇在统一中国后就在全国建设驰道，依此看，在 2200 年前的秦国就已经形成了一个全国的"轨路网"。

当时的中国，广袤的土地上植被茂密，到处都是森林，也有良好的木材，这就为修建"轨路"提供了物质条件。如有损坏，随时随地可以取得木材修复，这是秦朝"轨路网"修建的物质条件。

《汉书》中说："秦为驰道于天下，东穷燕齐，南极吴楚，江湖之上，濒海之观毕至。道广五十步，三丈而树，厚筑其外，隐以金椎，树以青松。"在古代，一般来说道路没有必要这样宽，因此有人猜测应该是马路和复线"轨路"并列而行。车子如有需要，可以随时上铁路，也可以随时由铁路上公路。在南阳山区发现的"轨路"，是单独复线，没有马路相伴。

许多人认为，秦朝末年的连年战争，造成了很大的破坏，汉朝皇帝没有能力为自己的御车配备颜色相同的马，许多将相只能坐牛车。由于严重缺少马匹，"轨路"被废弛了。没有车子在上面跑的"轨路"，反而成为了交通的阻碍，所以秦始皇的"轨路"，有的在战争中被毁，其余的绝大部分也在战后被拆，成了普通的公路。汉朝的经济在很久以后才复苏，又长期实行无为而治，所以也一直没有劳师动众重修"轨路"。加上秦朝的驰道非常宽，因此在后来经济复苏中，许多道路被开垦为耕地，变窄甚至完全不复存在了。还有，秦朝的"轨路"是用于长途运输的，而汉朝长期分封诸侯，各地群众也没有长途运输的必要，运输线变短，也因此失去了修建的必要性。原来人烟稀少的长途运输必经地，也已经失去了重要性。大概只有这些地方才能够得以免除被人为拆除和开垦并遗留下来，但也正因为人烟稀少而不受人们注意。秦始皇的"轨路"也就这样逐渐失传了，以至于人们再也不记得曾经有过如此的辉煌。

人性化的汉代交通服务

汉代交通发达，服务设施齐全，制度也比较完备，满足了帝国政治经济发展与国民社会交往的需要。首先，汉政府在全国大中城市，尤其是都国首府与交通冲要地点，遍设传舍，传舍配有厩厨车马与房间，足供国家官员与使节使用。与传舍相配套、在基层又设有乡亭，大致十里一亭，分布于交通线上，专管接力传送政府邮件，接待邮夫与一般商旅吏役，并兼管当地治安等。其次，为满足国内外各色各样旅客的要求，旅店与食店也遍地开花，成为政府认可并予以支持的一大服务行业。这一切，构成了汉代交通的兴旺局面。

1. 设备齐全的传舍

一般说来，汉代的传舍，在西汉中后期办得不错，东汉前期也还兴旺，东汉后期国力衰减，就显得难以支撑了。

汉代传舍有相当的规模，配有传厨、传车和驿马，并有足够的住宿用品。传舍负责接待国家过往官员、信使，以及政府特命征召的贤士名人。客人到传舍食宿，必须交验符传，说明自己的身份爵级，按规定享受相应的接待。例如：汉文帝为代王时，就是乘"六乘传"赴京即位的。汉宣帝时，渤海郡大乱，宣帝委派龚遂为渤海太守，前往安抚民人，龚遂便是"乘传"赴任的。汉代传舍的规制与服务水平，可以从下述实例中窥其一斑：

据《后汉书·光武帝纪》载：西汉末年，天下大乱，刘秀随更始帝刘玄起事，奉命到河北一带发展势力，开辟领地，他来到了蓟城（今北京）。这时，有个叫王朗的人，冒充汉帝宗室，占据邯郸称帝，并传檄各地缉拿刘秀。消息传到蓟城，城里沸沸扬扬，都说来了"邯郸使者"，专捉刘秀。刘秀一行连夜南逃奔到饶阳时，人困马乏，刘秀灵机一动，率领随从武将与兵士自称"邯郸使者"，到饶阳传舍要求接待。传舍长连忙送上饭菜招待"使者"一行，刘秀一群便争着抢着大吃大喝起来，这引起了传舍长的怀疑，但又不敢径直查问"使者"来历，于是猛敲大鼓，通知传舍所有人员："邯郸将军即将来到，各自做好接待准备！"刘秀他们一听，大吃一惊，打算逃跑。但刘秀转念一想如果真有什么邯郸将军来了，他想逃也逃不了了，于是索性坐下来慢慢吃喝，并对传舍长说待将军来了，我们可以见一见。待吃饱喝足，也没见"将军"的影子，刘秀便招呼随从上路。传舍长早已看出破绽，便高声命令传舍门长关上传舍大门，"别让这伙冒牌货跑了！"传舍门长回答说："现在天下大乱，鱼龙混杂，还不知谁胜谁负，关他干啥！"反而大敞其门，让刘秀一行出去了。由此，我们看到：汉代传舍规模大，服务及时，即使在战乱时期也依然工作，可见平时就很认真。传舍是一个庞大的实体，人员多，分工细，能满足旅客官员的多种需要。传舍的消费是一项庞大的支出，需要政府负担，因而也就是人民群众的沉重负担。汉文帝时，为了给传舍配备马匹，还曾下令缩编京师卫队，撤销卫将军，压缩太仆寺规模，把节省下来的马匹"皆以给传置"（《汉书·文帝纪》）。便证明了传舍确是国家的一项重要负担。刘秀即位时，曾令长安传舍准备十余万人的伙食，由此也可见其规模之大了。

传舍的供应是无偿的。汉政府虽然有明细的规定，不许传舍违章供应，不许官员非法索要，但历久弊生，封建社会的腐败现象，便不可避免地在传舍中蔓延开来了。

《后汉书·郭躬传》载：汉章帝是东汉时期搞得比较好的一位皇帝，比

较注意政风。但就在章帝时，专职京师治安的司隶校尉赵兴，竟然每入馆舍，"辄更缮修馆宇，移穿改筑，故犯妖禁"。因为一个大员来到，传舍就得改筑修缮一番，其腐败可知。

汉安帝有位乳母王氏，极受宠信。安帝让其女王凤荣为中使去祭奠父亲。此人便"朱轩骈马，相望道路"（《后汉书·陈宠传》），声势震动郡县，连王侯也拜伏车下，乞求赏识。地方长官则闻风而动，发吏民，修道路，架桥梁，改建传舍；并搜刮礼品，千方百计迎合中使的私欲，连其仆从也赂遗"人数万匹绢"！如此"征役无度，老弱相随，动有万计"，闹得地方"顿路呼嗟，莫不叩心"。（同上）王氏如此动用传舍，作威作福，为后世开了一个恶劣的先例。

2. 功能多样的邮亭

汉代十里一亭，遍设于交通线上，遍设于社会基层，作为乡里的一个公用机构，它有多种多样的功能，接力递送政府信件公文与小件物品则是其主要职责。

西汉宣帝时，黄霸为颍川太守，上任后便"使邮亭乡官皆畜鸡豚，以赡鳏寡贫穷者"。（《汉书·循吏传》）他要了解本郡各县各乡情况，就"择长年廉吏"下乡视察，"吏出，不敢舍邮亭"。廉吏不敢舍邮亭，则一般官吏是可以宿食于邮亭了。

名吏召信臣为南阳太守，"好为民兴利，务在富之。躬劝耕农，出入阡陌，止舍离乡亭"。（《汉书·循吏传》）以"离乡亭"作为肯吃苦、肯接近百姓的标志，可见乡亭对于官吏的接待，也是有一定水平的。

刘秀称帝后，缺一套仪仗法物。以前，公孙述曾在汉中称帝，有这些东西。于是益州刺史将公孙述的一套仪仗法物连同乐师一起交邮传传送到洛阳，全程三千里。这是邮亭运送物品与人员的一例。

各地年年岁岁向京师贡献土产异味，刘秀下诏说：所献异味，往往要专门培育豢养,劳民伤财;而且向京师传送时,"烦扰道上,疲费过所",因而明令各地"郡国异味不得有所献御"。此诏一下,各地邮传以为少了一道苦差事,颇为高兴。其实不然,刘秀在诏中又说:"远方口实所以荐宗庙,自如旧制。"原来,用于"荐宗庙"祭祖敬神的"口实"一点也不能少,于是"明诏"也下了,"口实"照常贡献,皇帝依然能有"异味"入口,那么,其烦扰疲费,当然也就"自如旧制"了。

与此类似的,东汉窦帝也曾下过这样一道诏书:要求各地在他巡幸时,"不得辄修道桥,远离城廓,遣吏逢迎,刺探起居,出入前后,以为烦扰"。看来此诏也是半真半假:不要臣下"刺探起居,出入前后,以为烦扰"是真,而不要臣下逢迎,不要臣下修桥铺道等,如何使得!

邮亭要办的事太多,当然需要财政支持,然而汉政府越到后来所支付的钱物越少,东汉中后期之后,传舍邮亭经费越来越不敷支用了。国家官吏在这里享受不到多少无偿的招待了,于是转而投宿于私营旅店。

3. 最受欢迎的客店和饮食店

汉代客店、饮食店普遍开业,不像秦朝那样受到严格管制。

东汉时,有位叫做第五伦的人,在家乡高陵(在陕西)当乡啬夫多年,觉得自己老没长进,就携带家属客居河东,改名叫王伯齐,干起了卖盐的生意,往来于太原上党之间。他沿途都是投宿于客店,离开时,总要把宿舍收拾得干干净净。这样时间一长,客舍主人部知道这位王伯齐为人很好,往往主动邀请他住进自己的客店,而且免费,还送给他一个雅号,唤作"道士"。可见太原上党之间的交通干线上,有不少客店分布着。

与此同时,饮食业也兴盛起来。汉宣帝登位前,只是一个并无权势的小宗室。逢年过节,他得随例参加朝会。到京城后,他就投宿在长安尚冠里的一家客店。每次买饼吃,店家总是给他很多饼子,弄得他自己也觉得奇怪。

由于客店办得好，连政府官吏都乐于投宿客店，以至到东汉和帝时，国家不得不下令：全国郡县的上计人员，今后不得投宿于私营客店，只能投宿于政府传舍。因为投宿于客店，既不利于保密，也难保安全，还有损于国家形象。然而大势所趋，官吏们还是选择了客店。这也证明了当时民营服务业的水平之高，否则怎么能把国家官员吸引到自己这一边来呢？

汉代都市交通及其管理

汉代有一批驰名中外的大都会，除长安、洛阳之外，还有蓟、邯郸、定陶、寿春、南阳（宛）、成都、荆州、吴、番禺、敦煌等，这些都会的交通都很发达。各地人口都在十万、数十万之间，长安城甚至在百万以上，交通建设与交通管理的任务都很繁重。这里以长安为例，兼及洛阳，了解一下汉代的都市交通及其管理。

1. 长安城的建制

长安，西汉都城，位于关中千里沃野的中部，面对渭水，背靠终南山，左华右陇，形势险固。西周的政治中心丰邑、镐邑就建在这里，秦皇统一六国后，更在这里大兴土木，集聚天下财富，使咸阳京城成为天下第一重镇。可惜，项羽入关，放了一把火，把这里变成了一片废墟。

汉建国后，在萧何等人主持下，在渭水之南、潏水东岸的开阔地上，着手兴建新都，先后建成未央宫、长乐宫、明光宫、北宫与桂宫等建筑群。汉惠帝时，又调集三十万劳力，在这些建筑群的外围，以夯土筑成了坚固厚实的城墙。墙高三丈五尺，周长六十五里，四面共设十二座城门。其中，未央宫方九里，占全面积七分之一；长乐宫方十里，占全城面积六分之一。宫殿群占去城内绝大部分地面。其余便是官员府第，民居与市场则集中在城北。京师普通百姓，则聚居于城外。汉武帝时，国力增强了，又在潏水西岸兴建了豪华的建章宫。此宫千门万户，未央、长乐也无法与之相比。丝绸之路开通后，长安成为东方世界的一个国际都会，专门建成一条蛮街，供来华经商或定居的各国商贾侨民及国内少数民族人士居住。这座百万人口的都会，空前繁华。

长安的人口构成极为复杂。首先，皇室宗亲、贵族官僚，功臣名将及他们大量的依附人口，都聚集在京师，满足这些人的生活需要包括交通需要是一个艰难的课题。同时，汉中央政府为了削弱地方实力，又多次把各地的豪强地主、巨商大贾迁入京师，置于自己的直接监理之下。他们于是便集结起来，形成一个个越来越大的势力圈，为长安的社会管理带来了巨大的困难。其次，从各地抽调来京的守卫部队及各项工程建设人员，各地至京求业求学求官的人员、旅游观光的人员，因各种原因而浮浪至京的三教九流，加上国外来华出使、经商、谋生、观光、留学的人员，真是"五方错杂，风俗不纯""郡国辐辏，浮食者多。"（《汉书·食货志》）这就构成了一支庞大的消费力量，也为长安带来繁剧的交通管理任务。要把长安的交通办好，谈何容易！对此，汉政府从都市建制、交通建设、道路管理、安全禁卫等方面，采取了一系列的对策，力图维持一个良性的社会秩序与交通秩序。宏观看来，汉代都市交通管理还是有力有效的，不过问题也确实不少，有时也十分严重。

长安的整体布局，是适应交通及交通管理的需要的。长安城建筑配置方正严整，街衢巷陌，平直通达。八条主要街道贯通全城，宽广平坦，均

与城门相联。城外护城河上的大桥，与道路等宽，人行其上，不觉其为桥。大桥与城外大道相衔接，通达内外。每条街道，都由三条并行大道组成。其贯通南北的中心大街，全长十华里，幅宽五十公尺，称为驰道。驰道中央七公尺路面，是供皇帝专用的御道，任何人不得任意跨越，更不得每行于驰道中央。御道两侧，各有五公尺宽的旁道，供官府车马行走。旁道外侧，开挖排水沟，沟沿栽植榆、槐与青松，形成绿色林带。林带外侧，又有各宽十三公尺的便道，供公众使用，规定左出右入，就是说，车马行人一律靠左走。这种街道建制，比起西周的"经途轨制"规定京城通道十六公尺的幅宽来，其气魄之大是不可同日而语的。它是秦朝驰道制度的继承与发展。

同时，京师城内外街道两侧的公私住宅，又组成一个一个的生活小区，名为坊或里。坊有坊墙，四面各长一里，居民住在坊墙里面，不得向大街开门。坊墙四面开有闾门，有专人负责按时启闭。入夜之后，天亮以前，不允许居民在坊外街头从事任何未经允许的活动，实行严格的宵禁。不论白天黑夜，坊里内不能进行商贸活动。全城的商贾，一律集中在指定的市坊中，"日中而市"，不允许走街串巷，随地设置店铺。除逢年过节政府特许开放以外，城中不搞公众娱乐活动，没有公众活动场所。这样，偌大一个长安，百万人口的都会，便呈现着一种兴盛而又安宁的气氛，大街上很少有人流堵塞、人群混乱的情景。

西汉长安的状况，东汉洛阳有过之而无不及。汉人王符《潜夫论》中说洛阳："举俗舍本农，趋商贾，牛马车舆，填塞道路，游手为巧，充盈都邑"。仲长统也说："船车贾贩，周于四方；废居积贮，满于都城。"本来，从东周时起，洛阳便因其地处中原腹心而成为繁华的商业都会，经商是洛阳地区的传统特色。东汉洛阳在这方面自然是不亚于西汉长安的。

上述京师城建与管理体制，直到隋唐时都一直保持着，到北宋初才有重大突破。

2. 汉代都市的交通管理

京师的交通管理，是一项系统工程。我们如果把城门看作点，驰道（中心街道）看作线，居民区看作面，那么，点线面的有机结合，便构成全城交通管理网。为了对各个部位实施有效控制，从内到外，皇城、京城、外廓、京畿，一圈套着一圈，部署相应的管理力量，进行巡查、禁察、稽征和交通疏理。这样，整个京师地区，便笼罩在一个庞大的交通管理网络之中，任何部位发生问题，都可以作出快速反应，及时处置。

为了进行有效管理，汉政府制定了相应的政策法令，如《令甲》《令乙》《厩苑令》之类，确定了城门、街道、坊里的交通管理职官，配备了相应的管理力量，从制度上，组织上给予保证。

城门管理是都市治安管理与交通管理的第一道工序。汉代城门管理由专职官员负责，有专门法规。西汉设城门校尉一职，秩二千石，相当于郡守，由他主持城门的行政管理。又设十二名城门侯，秩六百石，各管京城一门，职在城门禁卫，疏理交通，处治事故，要主管城门启闭、稽察行人，不许外界势力渗入城中，保证京城尤其是皇城的安全。同时，各门均有卫屯兵，由司马统领，司马秩千石，在城楼上下巡察驻防，负责城内警卫。城门禁卫的责任是非常重要的，轻忽不得。

京师城门侯的工作并不好做。《后汉书·鲍永传》写道：光武帝建武十一年（公元35年），皇叔刘良出城送丧归来，进入夏城门中，正和中郎将张邯迎面相逢。时城门中道狭，双方车骑多，无法同时通过。刘良便斥骂张邯，令其退避，又召来城门侯岑尊，斥令岑尊叩首于马前，并令其在前引道数十步方才甘休。当时主管京师地面治安事宜的是司隶校尉鲍永，此人特别耿直。他一听此事，便奏上一本，弹劾刘良目无国家法纪，公然污辱京城守卫官员，定罪为"大不敬"，给予惩处。朝纲为之肃然。连刘秀本人也

说："贵戚且宜敛手，以避二鲍！"（二鲍：指鲍永与鲍恢二人）幸亏有个鲍永，否则，这帮贵戚，还不知要横行到什么地步呢？

尽管如此，城门禁卫还是得认真施行。光武帝有一次微服出游，天黑后再回到京城东中门下，便让随从叫开城门。城门侯郅恽在门楼上回话说："宵禁是国家法纪，人人都得遵守，我职在依法守卫城门。现在天已黑了，难以辨认，为防异常，我不能开门！"随从说可以点上火把，在门缝中验看是谁来了，侯郅恽仍然坚持"难以辨认"而没有开门。光武帝只好绕道东中门，设法进城。事后，还奖赏了侯郅恽的严于职守。

除了城门，驰道的管理也受到汉政府的特别重视。

驰道制度是秦代形成的，汉承秦制，又有发展。《汉令·乙》规定："骑乘车马行驰道中，已论者没入车马被具。""诸使省《制》（皇帝颁发的制度），得行驰道中，着行旁道；无得行驰道中央三丈（七公尺）。"

西汉哀帝时，司隶鲍宣就曾据上述法令制裁过丞相孔光。时孔光依例去巡查皇家园陵，"以令行驰道中"，他的官属也行于驰道之中。鲍宣认为丞相官属无权行驰道中央三丈，于是令手下街卒钩止丞相掾属的车马，使孔光大受折辱。

西汉未央宫前殿

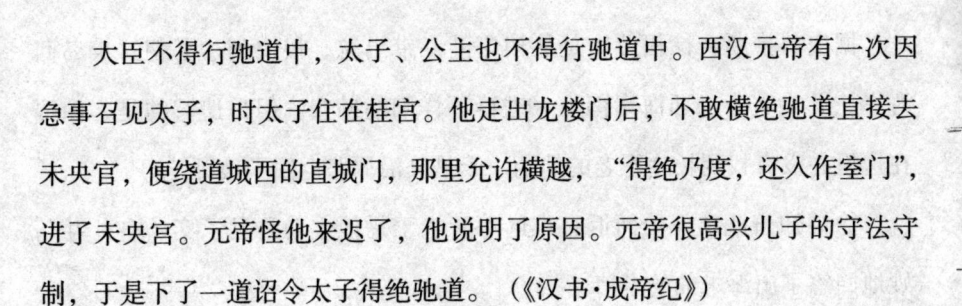

大臣不得行驰道中，太子、公主也不得行驰道中。西汉元帝有一次因急事召见太子，时太子住在桂宫。他走出龙楼门后，不敢横绝驰道直接去未央宫，便绕道城西的直城门，那里允许横越，"得绝乃度，还入作室门"，进了未央宫。元帝怪他来迟了，他说明了原因。元帝很高兴儿子的守法守制，于是下了一道诏令太子得绝驰道。（《汉书·成帝纪》）

　　对于驰道的这种严格管理，当然是为了保证皇帝的绝对安全，但也未免太过分了。到汉平帝元始元年，即公元元年，国家才下令"罢三辅驰道"，在关中京畿地区不再执行这种严厉的禁越规定、不再阻挡臣民车马行于驰道了。从秦始皇起形成的驰道管理体制，这才有了一个大变化。后世除京师主要干道，即直通皇宫的中心大街之中的"御道"的管理从严外，就不再实行秦皇汉武时代的驰道管理方式了。

扩展阅读　徐福东渡

　　公元前219年，秦始皇到东方沿海各郡巡视。大队人马在泰山封禅刻石，又抵达海边，只见云海之间，山川人物时隐时现，蔚为壮观，令秦始皇心驰神往。这种景象，本来是海市蜃楼，但方士为迎合秦始皇企望长生的心理，将其说成传说中的海上仙境。徐福乘机给秦始皇上书，说海中有蓬莱、方丈、瀛洲三座山，有仙人居住，可以得到长生仙草，于是要求出海为秦始皇寻找三神山和长生不老之药。秦始皇大为高兴，"于是遣徐市发童男童女千人，入海求仙人"。

据史料推断，徐福此次是从琅琊港一带出航，很快到达了朝鲜半岛西海岸，并沿着半岛西海岸南下，进行了详细的勘查。但是遗憾的是，徐福在这里并没有找到长生不老的仙药，于是又沿原路返回了琅琊。

徐福知道此次无功而返必难逃一死，于是他主动拜见了秦始皇，并巧妙地回答了出海求仙的事情。

徐福自称见到海神，海神以礼物太薄，拒绝给予仙药。对此，秦始皇深信不疑，增派童男童女及工匠、技师，带上谷物种子，令徐福于公元前210年再度出海。

一般认为，徐福此次出海是从登州湾出发，率领船队浩浩荡荡地扬帆东行，渡过长山列岛、庙岛群岛，沿辽东半岛东南向东抵鸭绿江入海口，再经朝鲜半岛西海岸南下，发现并进驻了济州岛。后在济州岛周围探查时又发现在济州岛的东方有一个大岛（九州岛），徐福的船队东行300多公里到达了日本的九州岛。最终"得平原广泽，止王不来"，开始了在海外的创业。

徐福东渡日本的海上探险活动，给世人留下了一个个不解的谜团。

后人只能从相关的史料记载中了解一二。五代后周时期济州开元寺的义楚和尚著有《义楚六贴》，该书说："日本国亦名倭国，在东海中。秦时，徐福将五百童男、五百童女止此国，今人物一如长安。……又东北千余里，有山名'富士'，徐福至此，亦名'蓬莱'，至今子孙皆曰秦氏。"这一消息来源于义楚和尚的日本朋友弘顺和尚，可见"徐福东渡日本说"早在日本本土流传。

徐福东渡的结果是将中国先进的文化技术带到日本，促进了日本社会的进步，加强了中日两国的往来，同时也揭开了中国航海事业的新纪元。正如日本著名史学家井上清先生所言，"（日本古代社会）在中国文明的巨大影响下，到公元4至5世纪就渡过了野蛮阶段，进入了文明阶段。这种情况如果和美索布达米亚、埃及、印度和中国的人类文明发祥时代比较，落后了 2000 年到 4000 年。和希腊、罗马的古代文明时期相比，也落后了 1000 年左右"。

第二章 四通八达——畅通无阻的秦汉交通文明

第三章

美轮美奂
——灿烂的秦汉手工业文明

秦汉时期的手工业,上承战国而加速发展。秦汉手工业大致可分为纺织业、制盐业、酿造业、矿冶业、日用器物制造业等生产部门。其中手工业文明中最繁荣的当数纺织文明、制盐文明、酿造文明与漆器文明等。

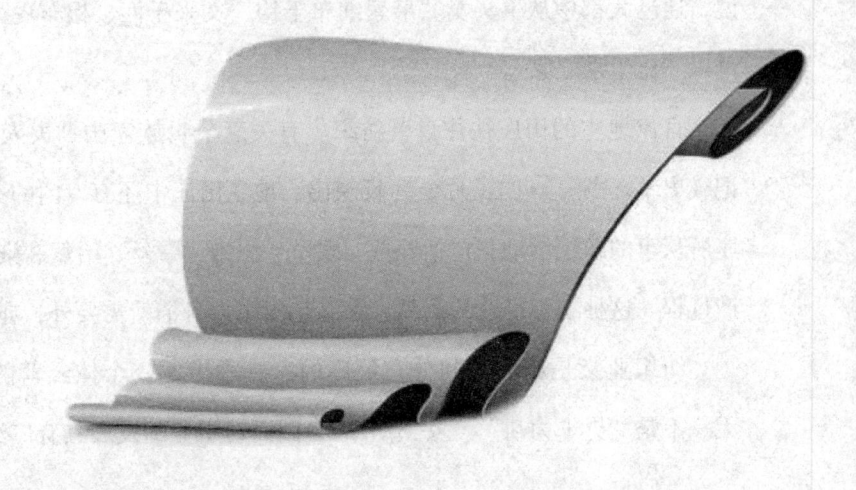

丝绸与纺织文明

我国是世界上最早饲养家蚕和织造丝绸的国家。秦汉时期，纺织业的生产规模以及织造技术均有较大发展。近年来，花色品种繁多、品质精细优良的秦汉纺织品实物屡有出土，为我们考察当时纺织业的发展状况，提供了可贵的实物资料。

秦汉时期，官营纺织业生产规模宏大。除在中央政府中设有掌管织作缯帛的织室和掌管练染的平准令之外，官府还在纺织业发达地区直接经营有一定规模的纺织工场。据记载，织室每年所需的经费高达五千万钱。一些著名的官营纺织工场"作工各数千人，一岁费数巨万"（《汉书·贡禹传》）。从所需经费和织工人数之多，可以想象当时官营纺织工场的规模之大。

大工商者经营的纺织业同样兴盛发达。司马迁在《史记·货殖列传》中说，通邑大都中从事买卖"帛絮细布千钧、文采千匹、榻布皮革千石"者，可以"比千乘之家"。

官僚地主的田庄往往自营纺织。有关王公贵族家中"夫人自纺绩"的记载史不乏书。《四民月令》反映出：地主田庄中还有专门的"蚕妾"。田庄所从事的纺织活动，包括养蚕、缫丝、织缣、擘丝、治絮、染色等全部生产过程。这种纺织经营的产品，除满足田庄自身消费需要外，亦出售求利。

纺织业又是当时民间分布最广的家庭手工业。个体经营的小农家庭，无一不是"男子力耕""女子纺绩"，因而纺织业的发展具有广泛的基础。

随着纺织业生产规模的扩大，社会消费的纺织品数量有了明显增加。《盐铁论·散不足篇》中说："古者庶人耋老而后衣丝，其余则麻枲而已，故命曰布衣。及其后，则丝里枲表，直领无袆，袍合不缘。夫罗纨文绣者，人君后妃之服也。茧紬缣练者，婚姻之嘉饰也。是以文缯薄织，不粥于市。今富者缛绣罗纨，中者素绨冰锦，常民而被后妃之服，亵人而居婚姻之饰。夫纨素之贾倍缣，缣之用倍纨也。"这一记载表明，由于秦汉时期纺织品数量的增多，其消费的社会面比前代有了扩大。

当时的统治阶级生活日益腐化奢侈，耗费着大量的纺织品。封建皇室"宫女积于房掖，国用尽于罗纨"（《后汉书·陈蕃传》）。一些官僚贵族家中，"锦绮缋縠纨素奇玩，积如丘山"（《后汉书·董卓传》），"媵御数百，无不兼罗纨"（《后汉书·袁术传》）。这种状况在考古发掘中也得到了证实。长沙马王堆一号汉墓出土的女尸身上，包裹着各式衣着20层，其上又覆盖着两层绵袍，墓中还出土整幅或不成幅的丝帛约50多件，当是为死者所备的衣料。江苏连云港市海州西汉霍贺墓出土的遣策记载，死者身着的衣物达一二十件之多。海州西汉侍其繇墓遣策记载，该墓随葬的各种丝织品衣服在30件以上。江陵凤凰山八号墓遣策记载的随葬衣物，多达三四十件。

据史书记载，秦汉皇室和官府用于赏赐或发放的纺织品数量也非常惊人。如西汉霍光死后，汉宣帝"赐金钱、缯絮、绣被百领，衣五十箧"（《汉书·霍光传》）；东汉董卓官拜郎中，汉桓帝"赐缣九千匹"（《后汉书·董卓传》）。东汉安帝时，因"戎狄叛乱，国用不足"，朝廷下令降低了对诸侯王丧事的赗赠标准。据《汉书·食货志》记载，汉武帝在元封年间出巡时，"所过赏赐，用帛百余万匹"，同时仅仅在各均输官处，就储备有丝帛"五百万匹"。除赏赐之外，官吏、将士、戍田卒等也须由官府发放衣物。如果没有纺织业的发展作基础，很难想象官府会有如此之多的纺织品储备。

秦汉时期，中原地区的纺织品通过赏赐、贸易等多种渠道，大量输往

司马迁像

边疆少数民族地区。据《汉书·匈奴传》记载，匈奴"好汉缯絮食物"。西汉初年，汉朝廷"遗单于秫糵金帛绵絮它物岁有数"。武帝时，匈奴单于曾上书要求岁给"杂缯万匹"。汉宣帝甘露年间，匈奴呼韩邪单于臣服，汉廷赏赐"衣被七十七袭，锦绣绮縠杂帛八千匹，絮六千斤"。元帝竟宁元年"单于复入朝，礼赐如初，加衣服锦帛絮，皆倍于黄龙时"。整个两汉期间，汉廷赏赐匈奴及其他少数民族纺织品的记载不胜枚举，赏赐的数目显然也在不断增加。

中国的丝织品，不仅为当时的西方世界所称道，而且还通过海路输往南海诸国。

手工业奇葩：两汉刺绣

两汉时期（公元前202—220年），在农业生产日益繁荣的基础上，手工业亦得到了相应的恢复与发展。纺织业的高度发展、丝织品的大量使用，直接刺激、促进了刺绣工艺的提高。当时，华美的丝绸和多彩的刺绣犹如春兰秋菊，成为标志着汉代手工业鲜艳灿烂的两朵奇葩。正如描绘汉代盛况的卢照邻诗《长安古意》中所写的："龙衔宝盖承朝日，凤吐流苏带晚霞。"这是描写华贵马车的车盖、车幔上面绣着凤凰，垂饰是用五彩羽毛或丝绸做成的流苏，好像是凤凰吐出了流苏，带来了晚霞一般的光彩。这在当年又是何等辉煌的手工技艺啊！

汉代刺绣品种繁多，绣技精巧，分布地区广，在文献上屡见记载。从著名文学家、史学家班固的《西都赋》中关于"昭阳特盛，隆乎孝成。屋不呈材，墙不露形。襄以藻绣，络以纶连"的记载可以看出，不但衣服用刺绣来装饰，皇宫里的墙壁也布满了华丽的刺绣品。他还曾为西汉大臣霍光逝世时，汉宣帝赠绣被一百领之事作诗曰："长安何纷纷，诏葬霍将军，刺绣被百领，县官给衣衾。"当时，不仅皇宫如此，大地主、大商人的宅第也是一样。贾谊《陈政事疏》中就有提到："白縠之表，薄纨之里，以偏诸，美者黼绣，是古天子之服，今富人大贾嘉会召客者以被墙。"说明汉代对于刺绣品的欣赏与使用已成为风靡一时的"玩好"，以致最高统治者不得不采取限制的措施。据《汉书·高祖本纪》记载，贾人"毋得衣锦绣"。《后汉

书·皇后本纪》夸奖邓皇后的节俭说："御府、尚方、织室、锦绣……之物，皆绝不作。"汉代，刺绣与锦还作为珍贵的赠品，赠与匈奴等民族的贵族阶层。《史记·匈奴传》记载了汉代诸部族君长"喜衣锦绣"。汉宣帝时，呼韩邪单于来朝觐见，汉宣帝赐帛、绮、绣共计八十匹，为了满足西北部族首领的需要，宫廷每年要织成千上万匹锦绣，作为团结部族的礼品运往西北。

刺绣在汉代已开始专业生产。东汉时的王充在《论衡》一书中说："刺绣之师，能缝帷裳；纳缕之工，不能织锦。"说明绣工与织工已有明确分工。在官营手工业中设有专门的纺织、刺绣作坊生产。京城长安便有"东织室""西织室"，隶属于"御府令"的"织室令"主管，专门织绣皇室贵族使用的各种衣服用品。汉代统治者还在一些织绣工艺高度发达的地区，如陈留（今河南陈留、睢县一带）、齐、鲁一带设立管理机构。民间刺绣在齐、鲁比较发达，王充说："齐郡世刺绣，恒女无不能，襄邑俗织锦，钝妇无不巧，日见之，日为之，手狎也。"汉代刺绣的品种以衣服装饰以及日用杂物为主，作为观赏的"画绣"还没有出现，这一点我们从出土的文物中也可得以证实。

汉代的图案花纹早期以云气纹与鸟兽纹为主，变化多种多样。有时云气纹是主体图案，有时与各种鸟兽纹（龙、凤、孔雀、鹿）穿插布置在一起，表现出缭绕飞卷的形态，构成整个画面流动的效果。其间也寄托了封建统治者祈望长生不老、分享神仙欢乐等种种愿望，也是儒家"天人感应"的神学观和燕齐方士道学观念的反映。在艺术形式上承袭了战国以来装饰图案的传统风格。及至发展到东汉，以云气纹穿插变形鸟兽为主的纹样，逐步向比较写实的植物纹、鸟兽形过渡，这一变化不仅表现了艺人们高度的想像力与熟练的技巧，也暗示了隋唐以后刺绣图案向清新、自然的写生花鸟纹发展的趋势。

秦汉漆器制造文明

漆器制造业在秦汉时期发展很快，是当时手工业中一个重要的生产部门。

生漆（即漆树分泌的汁液）是制造漆器的主要原料。它的生产与利用，在我国具有悠久的历史。在远古时代的神话传说中，就有利用生漆的记载。考古发掘的材料，也证明早在原始社会时期，我国古代劳动人民就已开始制作漆器了。先秦时代，漆器制造业不断发展。至秦汉时，漆器的生产更是出现了空前的繁盛局面。

当时的漆器制作，多是以木为胎，或经旋挖，或经斫削，或以薄板卷合胶粘，首先制成器物的木质胎骨，而后加以髹漆。这种木胎漆器一般比较厚重，在出土的秦汉漆器中最为常见。夹纻胎（以麻布为胎）漆器的制造工艺难度较大，制成的器物轻巧精美。这种漆器在战国时期的墓葬中即有发现。至秦汉时，夹纻胎漆器则更为流行。竹胎漆器在秦汉墓葬中只有少量出土。其次，髹漆的陶器、铜器、铁器和皮革制品在考古发掘中亦屡有出土，反映了当时髹漆手工业的发展和漆器的流行。

秦代墓葬出土的漆器略少，但品种较多，造型严谨，纹饰精美，设色庄重富丽，艺术成就颇高。秦代漆器艺术成就的取得与严格的管理是分不开的。据湖北云梦睡虎地秦墓出土的竹简（第348、349号简）记载，秦汉漆园的管理实行生产责任制，如果漆园被评为下等，有关官员要受到经济制

裁，如果连续三年被评为下等，有关官吏则被撤职。秦代漆器亦以日常生活用具为主，见有盒、杯、勺、盂、壶、盘、樽、卮、奁等，多为传统器型。而以双耳长盒、凤形勺、匕等为秦代独有的新的器型。秦代漆器以木胎为主，另有夹纻胎和竹胎。制作工艺有挖、斫、播三种。装饰技法有烙印、针刻与彩绘。纹饰多采用写实和夸张的手法，有动物、植物、自然景物和几何纹四大类。

汉代漆器在秦代基础上继续繁荣发展，其出土数量之多，品种之繁，工艺之精，都达到了历史上的鼎盛时期，同时也形成了自己独具魅力的特点。在一些有关汉代漆器的论文中得知，汉代朝廷设有专门制造漆器的工场，并有官吏管理，蜀郡、广汉郡之官生产的漆器供宫廷使用，类似明清瓷器的官窑。汉代漆器仍以日常生活用具为主，另有文具、兵器、乐器、丧葬用品等，尤具时代特征的是出现了许多以前不曾有过的鼎、钟、钫、壶、盘等新器型，而楚国漆器中常见的高柄豆、镇墓兽等几乎不见。装饰工艺可分为彩绘、刻划、镶嵌、金银箔贴、戗金等，尤以彩绘的使用最多，特别是利用漆粘稠不易展开的特性，用来表现物象立体感，具有浅浮雕效果的堆漆法为以前所不曾有的。在继承前代镶嵌工艺的同时，将战国晚期出现的扣器又发扬光大，使器物更加精美。所谓扣器就是在盘、盒、奁等器物的口沿上镶嵌镀金或镀银的扣圈，少则一圈，多则七八圈。扣器的使用在汉代有严格的规定，《汉旧仪》载："大官令尚食，用黄金扣器；中官长、私官长尚食，用白银扣器。"显然，平民百姓是不准使用扣器的。汉代漆器的纹饰十分广泛，大致可以分为几何纹、动物纹，现实生活题材和神话故事题材四大类。

秦汉酿酒文明

我国酿酒的历史久远。当时酿酒的主要原料是粮食，所以古代酒业的发展必须依赖于农业的发展。秦汉时期，农业迅速发展，粮食产量也大量增加。在此基础上，酒业生产的规模达到了前所未有的程度。

秦汉时期的酒肆作坊，在都市和乡镇分布极广。小手工业者经营的作坊多是自酿自卖。此类作坊虽然规模不大，但数量多，分布广，其酒类生产的总量则无法精确估计。

1. 画像砖《酿酒》场景

此画面表现的是汉代人在工棚下酿酒的场面。画面的右边是工棚，工棚顶部瓦楞清晰。工棚下靠画面中间的一人，正挽着袖子在一大容器旁忙碌操作，旁边有一人正在帮他的忙。他们的前面有一个长方体的台子，台子下方放置三个酒坛。台子的左端一人抱着一个容器，正沿着右下方即将走出画面，仿佛沽酒而归。画面的左上角一人手推一车，车上放着方形容器，正离开画面。画面的左下角一人肩挑两个酒坛，大跨步向左走出画面。

四川新都汉画像砖《酿酒》

整个画面把做酒、买酒、运酒的场面表现得生动而形象。为我们再现了汉代酒房的热闹情景。

2. 秦汉时期官僚贵族酿酒

秦汉时期的皇室以及官僚贵族、地主田庄为满足自身消费，亦多自设作坊制曲酿酒。皇室所需酒类的生产与供应，由少府属下的太官、汤官主管。"太官主饮酒，皆令丞治，太官、汤官奴婢各三千人"（《汉旧仪》），"太官、汤官经用岁且二万万"（《后汉书·和熹邓皇后纪》）。其生产费用以及生产者的数量之多，足以说明皇室酿酒作坊的规模之大。官僚贵族自家酿酒的现象也很普遍。如西汉中期权臣霍光的亲属即曾"私屠酤"（《汉书·赵广汉传》）。至于地主田庄的情况，《四民月令》中有"曲室""作曲""酿春酒""渍曲酿冬酒"等记载，说明田庄所需之酒多系自酿。在内蒙古和林格尔汉墓壁画中，亦有反映地主田庄自行酿酒的内容。

3. 禁酒之令

秦汉期间，封建统治者屡行禁酒之令。秦代有"百姓居田舍者毋敢酤酒"的禁令（见《秦律·田律》）。整个两汉期间，每逢灾荒，封建统治者常常下诏"禁酤酒"。汉文帝时曾下诏，把"为酒醪以靡谷者多"（《汉书·文帝纪》）列为当时社会谷物不足的主要原因之一。上述迹象表明，当时的酒业生产规模之大，已影响了农业生产或造成了谷物的大量耗费。

4. 酒类被推行为专卖品

西汉中期，封建统治者为扩大中央政府的财政收入，在推行盐铁官营、均输平准等政策的同时，一度"榷酒酤"（《汉书·武帝纪》），即官府对酒类实行专卖。酒类之所以被选择作为专卖品，适足说明当时酿酒业生产在社会经济中的重要地位。

知识链接

铜酒筒

　　铜酒筒 1983 年出土于广州市西汉南越王墓，是西汉时期南方人常用的一种盛酒器具。南越王墓中共出土十多件，往往两三件大小相套。该筒呈直筒形，腹壁呈曲弧状，上腹安双耳，平底下置矮圈足。腹上饰三组几何纹。主题花纹在筒腹中部，为四组羽人驾舟图。据专家研究，这是一个杀俘虏祭水神的场面。船上旌旗高飘，刀剑耀眼，鼓声催魂，气氛肃穆、激昂、悲壮，惊心动魄，非常壮观。

　　广州出土的汉代陶提筒上有墨书"藏酒十石，令兴寿至二万岁"等字样，由此证明南越王墓出土的铜筒亦为盛酒之器，作用类似于中原的铜壶、铜卣（读 yóu，一种器皿）之类的器具。

　　这件铜酒筒上的人物场面，是一幅绝妙的叙事画卷，将越人的形象、服饰、习俗、器物乃至于当时的水禽海物等，都惟妙惟肖地再现在我们面前。这件具有南越人土著特色的器物与南越王墓中出土的具有明显中原风格的青铜礼乐器杂处在一起，真实地再现了具有汉族文化和越人文化混合体的南越国文化。

秦汉时期的制盐技术

煮盐是秦汉时期重要的手工业之一。汉武帝时实行盐铁专卖制度。著名的《盐铁论》反映了盐在当时国家经济中所占的重要地位。《史记·货殖列传》记载："山东食海盐，山西食盐卤。"盐卤即池盐。

当时盐的种类，包括海盐、池盐、井盐、岩盐等数种。食盐的生产方法，首先是煮，其次是晒。煮盐法是汲取海水或盐池、盐井中的咸水，经蒸煎而制成盐。

在井盐生产中，需先凿井取卤，而后设灶煎制。时有"西州盐井，源泉深也"（《论衡·别通篇》）的记载，表明这种盐井相当深。为提高取卤的效率，至迟在东汉时已采用机械提卤的方法。在今四川省境内的东汉墓葬中，曾多次出土盐井画像砖。

此画像砖表现了古代四川采盐、制盐的整个过程。画面反映的盐场处在重峦叠嶂之中，山林中有飞

四川彭州汉画像砖《盐井》

鸟走兽活动其间，猎人们也在山中来往穿行。盐井位于画面的左下角，上面的井架一直伸到画面的顶端。井架共三层，高处的两层各有两人相对站立，正在用架顶的滑轮提起卤水。然后再用竹筒把卤水引到煮盐灶上，盐灶位于画面的右下角。灶棚下共有五眼灶，一人在灶后操作，还有一人在灶旁扇火、加柴。灶棚外的其他人似乎是来送柴的。此图生动地再现了古代制盐的真实情景。看到此图，我们几乎了解了古代井盐制作的每一个具体的细节，是研究我国古代制盐业的珍贵的视觉资料。

秦汉时期，我国古代劳动人民已开发利用天然气作为煮盐的燃料。《华阳国志·蜀志》记载，临邛县有"火井"，"以竹筒盛其光藏之，可拽行，终日不灭。""取井水煮之，一斛（卤）水得五斗盐，家火煮之，得无几也。"

知识链接

盐铁会议

盐铁会议是西汉昭帝始元六年，汉昭帝根据杜延年的建议，命丞相田千秋、御史大夫桑弘羊召集郡国所举贤良文学，询问民间疾苦而在中央政府召开的一次由盐、铁官营问题所引起的有关国家政策的辩论会议。会议上，贤良文学与桑弘羊等人就汉朝的内外政策进行了辩论，其主要内容有：一、民间疾苦的原因。贤良文学认为民间疾苦的根源在于官营盐、铁等经济政策，要求取消平准、均输、酒榷制度，罢盐、铁官营，主张发展农业生产；二、对匈奴的政策。贤良文学主和，尚德服。桑弘羊等人主战，崇武备；三、关于施政方针和治国方略。贤良文学信奉儒家学说，主张德治和简法宽刑。桑弘羊等人以法家学说为指导思想，主张法治。此外，会议的辩论还涉及到农业的基本政策、对社会现状的评估等问题。西汉桓宽编撰的《盐铁论》一书，详细地记载了辩论的情况。

舟车制造业文明兴起

秦汉时期，舟车的生产技术也有显著提高。

舟车产品的主要生产原料是木材。经过长期的生产实践，秦汉时期的造舟车工匠已在木材的鉴别与选择方面积累了丰富的经验，能够根据不同的需要合理选材。此外，也有以皮革为原料制造漂浮工具者。

秦汉时期的舟车制造业，广泛使用各种铁制工具。秦汉时期的舟车生产设备已达到了相当高的水平。广州秦汉造船工场遗址中，有三个平行排列的造船台。船台由枕木、滑板和木墩组成。枕木用以扩大受压面积，以避免船台局部下沉。滑板构成滑道，供船只下水使用。木墩用以支撑船体，以便于在船底进行钻孔、打钉、捻缝等作业。另外，滑道的宽距可以根据不同的需要进行调节。各个船台既可分别制造大小不同的船只，也可制造同一规格的船。船场的整体布局较为合理，生产设备比较完善配套，充分反映了当时造船技术的高超水平。

秦汉舟车制造技术的高度发展，还表现为舟车运载效率的提高。《九章算术》中有这样的例题："一车载二十五斛""空车日行七十里，重车日行五十里"。有关学者根据广州秦汉造船工场遗址船台的规模推算，当时可造宽达8米的大船，常用船只的长度为20米左右，载重约500斛至600斛（25吨至30吨），少数大船可能要更大一些。在有关文献中，有不少反映当时舟船规模的零星记载，如"楼船高十余丈"（《史记·平准书》）"装

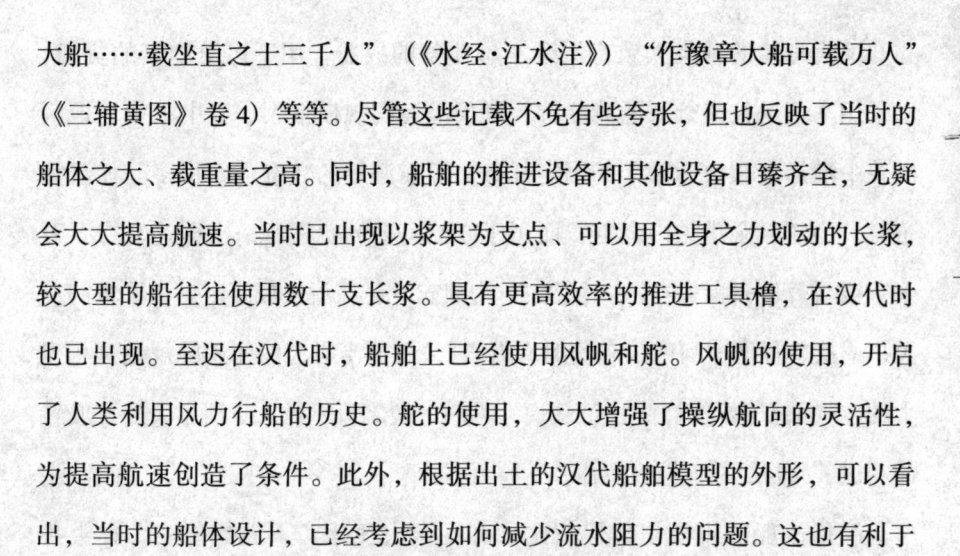

大船……载坐直之士三千人"（《水经·江水注》）"作豫章大船可载万人"（《三辅黄图》卷4）等等。尽管这些记载不免有些夸张，但也反映了当时的船体之大、载重量之高。同时，船舶的推进设备和其他设备日臻齐全，无疑会大大提高航速。当时已出现以桨架为支点、可以用全身之力划动的长桨，较大型的船往往使用数十支长桨。具有更高效率的推进工具橹，在汉代时也已出现。至迟在汉代时，船舶上已经使用风帆和舵。风帆的使用，开启了人类利用风力行船的历史。舵的使用，大大增强了操纵航向的灵活性，为提高航速创造了条件。此外，根据出土的汉代船舶模型的外形，可以看出，当时的船体设计，已经考虑到如何减少流水阻力的问题。这也有利于航速的提高。总之，我国古代船舶制造业的各种主要设备在汉代时即基本齐备了。

舟车类型的增多，是秦汉舟车制造技术进步的又一表现。例如车有四轮车、双轮车、独轮车等；船有战船、货船、渡船等。

有关当时舟车种类的名称繁多复杂，难以遍举，这是当时舟车类型日益增多的一种反映。

从舟船制造的工艺来看，在船首设櫂，而在船尾设舵。有的舟船是四櫂一舵，有的舟船则是十六櫂一舵。汉代有被称为"露桡"的船只，所谓"露桡"，是指櫂露于外，即船桨露于船体之外，前面说的四櫂、十六櫂等即是"露桡"，在汉代大型的船只往往都是露桡的，湖北江陵凤凰山遗址出土的遣策上记载有"大舟皆口二十三桨"；《越绝书》中记载的大型战船用五十人划桨，就极有可能是成对排列的，这种成对排列的情况显然也是采用"露桡"这一形式的。汉代已出现了舵，《淮南子·说林训》记载说："毁舟为杕。"《玉篇》记载说："杕，船尾小梢也。"《释名》对此的解释是："其尾曰柁。柁，拕也，在后见拕曳也，且弼正船，（使）顺流不使他戾也。"可见柁的作用正相当于舵的作用，是用来调整舟船的航向的。

汉代舟船的种类大致有用于军事斗争的战船，用于运送物资的货船，以及用来运送往来行人的渡船等。汉代漕运的规模很大，其中由关东地区向关中漕运食粮成为常年的固定任务，所需漕船的数量也就很多。如汉宣帝时，为"近籴漕关内之谷"而用于修治舟船的费用，一次即达"二万万余"钱（《汉书·食货志》）。《汉书·沟洫志》记载说汉成帝时，为了救济灾民，一次就征调"河南以东漕船五百艘"，可见当时漕船使用的规模是相当大的。《后汉书·杜笃传》记载说："鸿、渭之流，径入于河，大船万艘转漕相过。"也是说的这种情况。

汉代战船的规模同前代相比已有了很大变化，不但数量多，种类各异，而且制作工艺明显提高。还在秦代时，已有"楼船之士南攻百越，使监禄凿渠运粮"（《史记·平津侯主父列传》）的记载，说明这一时期即已出现了大型战舰——楼船。史载汉武帝在昆明池训练水军，"治楼船高十余丈，旗帜加其上，甚壮。"武帝时征伐南越，也调集了"江淮以南楼船十万人"（《汉书·武帝纪》），《史记·平准书》更记载说："因南方楼船卒二十余万人。"其战船数量，文献中常有"舳舻千里""前后相衔，千里不绝"一类的词来形容。直到东汉时，当岑彭攻打公孙述时，"装直进楼船、冒突露桡数千艘"（《后汉书·岑彭传》），汉将军马援"将楼船大小二千余艘"（《后汉书·马援传》），都说明了两汉时期战船使用的频繁和数量之巨。东汉末年，王粲曾有诗说："连舫逾万艘，带甲千万人"（《文选》卷二十七）。可见，两汉时代水军已在双方的军事斗争中占据了很重要的地位。除大型战船外，也有许多的民用小型舟船来往江河，如《淮南子·俶真训》就记载了巴蜀之地的民人有"越舲蜀艇"的造船技能之称。当时民间造船的规模也很大，司马迁在《史记·货殖列传》中说的"船长千丈"，说明民间当时造船业的盛大。

汉代造船业的兴盛，还表现在舟船的产区分布极广。总的看，大约有五大地区成为造船业的集中地，一是长江上游地区，这里主要是指巴蜀地区。早在战国时期，即有"司马错率巴、蜀众十万，大舶船万艘，米六百万斛，浮江伐楚"（《华阳国志·蜀志》）的记载，而当楚汉战争之际，"蜀汉之粟方船而下"（《史记·郦生陆贾列传》）更说明了巴蜀地区造船业的兴盛。二是长江中下游地区，这一带沿江分布的造船工场很多，从夷陵到会稽，都有文献记载有关造船的历史。《汉书·地理志》记载了当时的庐江郡设置有楼船官，说明极有可能庐江郡就是当时汉代水军和军船的集结和制造场地。三是南海地区，著名的秦汉造船工场遗址便是在广州发现的，广州在当时也是汉王朝同南洋各国水路交通的枢纽和出海港口。不仅如此，这一地区的民用船只，包括渔船、小舟等出土模型都很多，也反映了当时这里的舟船制造丝毫不逊色于长江沿线。四是关中地区，这里主要是漕运繁忙。《后汉书·文苑传》记载说："造舟于渭，北航泾流。"可见在渭河沿岸漕运的盛况。五是北部沿海地区，《汉书·朝鲜传》记载说："楼船将军杨仆从齐浮勃海。"《三国志·魏书·明帝纪》记载魏明帝下诏"青、兖、幽、冀四州大作海船"，说明上述的渤海和四州之地均应有大规模的舟船制造工场。

汉代舟船大者可载数千人，《水经注·江水篇》记载说："装大船……载坐直之士三千人。"《三辅黄图》卷四记载说："作豫章大船可载万人。"剔除其夸张成分，其舟船制造规模的巨大和造船技术的精良，应该是完全可能的。

扩展阅读　马王堆的"蝉翼衣"

马王堆一号汉墓出土的纺织品相当丰富，共有 200 多件。

在这 200 多件的纺织品中，有一件看上去毫不起眼的织物，展开后却发现它居然薄如蝉翼，轻似烟雾。这件长达 160 厘米、两袖通长 190 厘米的衣服，居然只有 48 克（或说为 49 克）。

这件被称为"素纱蝉衣"的织物，使得现代的织造专家们都自叹不如。国内一些拥有高级工艺师与技术设备的丝绸研究所曾作过试制，可到如今为止，没有一家能达到这么轻的分量，更不要说超过它。

当然，我们也要考虑到，"素纱蝉衣"历经 2000 多年可能会有一些自然的损耗而减轻了分量，我们也相信现代科学技术一定能制造出分量更轻的织物来。然而，这一切都已经无关紧要了，因为"素纱蝉衣"作为 2000 多年前的产物能达到如此的高度，真是后人永远无法企及的记录。

马王堆织物的精彩，当然不止是"素纱蝉衣"一种。如有一件绀地红矩纹起毛绵，属于重经提花起毛织物，而以往人们还认为元明时代的漳绒、织金绒、天鹅绒等起绒织物的技法是从国外传入的。现在，人们得知这不仅是我国固有的技法，甚至国外的技法说不定也可能是由我国传去的。

马王堆的织物是精彩绝伦的，可以说是代表了西汉初年的最高水平，它将永远记载在世界科学技术史上！

第四章

丝绸之路
——对外贸易的文明通道

手工业的发展为对外贸易提供了坚实的物质基础。与此同时,大汉王朝疆域辽阔,民族众多,为稳定边疆、维护国家统一,需要加强与周边各国、各民族的联系。因此,两汉时代,中国封建政府致力于开拓陆海对外交通,因而无论陆上丝绸之路还是海上丝绸之路都出现了空前的畅通,中国对外贸易历史由此进入了一个新阶段。

张骞通西域：丝绸之路的开辟

关于西域的地理概念，各种文献表述不一，大体上在汉代有广义和狭义两种说法。广义是指阳关、玉门关以西直至欧洲的广大地区；狭义主要是指西域三十六国，即今新疆南疆地区。到清代，则将南疆与巴尔喀什湖以东、以南的天山以北地区合称"西域"。

汉初，中国北方的游牧民族匈奴日益强大，冒顿单于统一了匈奴各部，以"控弦之士"三十余万，向东击败东胡，向西驱逐了大月氏，并不断向南侵犯，汉朝北部边境受到严重威胁。汉高祖七年（公元前200年）刘邦曾率大军进击匈奴，结果被匈奴围困于"白登"（今山西阳高县境内），史称"白登之围"。其时汉王朝立国不久，国力虚弱，无法支撑对匈奴的大规模战争，汉高祖只好采用谋士娄敬的计策，同匈奴"和亲"，将汉公主嫁于匈奴单于，并"厚奉遗之"，每年赠送匈奴大量丝绸、美酒、粮食等礼物，以此缓和与匈奴的关系。

文景时期，汉继续与匈奴和亲。匈奴势力不断发展壮大，汉文帝时，匈奴征服了西域诸国，并在此实行残暴统治。"楼兰、乌孙、呼揭及其旁二十六国皆已为匈奴。诸引弓之民并为一家"，西域地区完全被匈奴控制。匈奴对汉朝的态度也越发蛮横，不断侵犯汉边，抢掠人畜，毁坏农田，其游骑甚至曾迫近长安，对汉朝威胁日益严重。

与此同时，西汉政府休养生息的政策取得明显成效。到武帝时，呈现出了一派繁荣昌盛的景象，汉对匈奴发动反击战争的物质条件成熟了。

汉武帝继位后，便开始谋划反击匈奴，其制定的策略是：一方面积极组织军队从正面进攻，另一方面尽量争取和联合与匈奴矛盾尖锐的西域各国，从侧翼夹击匈奴，以达到"断匈奴右臂"的目的。

汉武帝从匈奴俘虏口中得知，西迁的大月氏对匈奴最为痛恨，一直打算报复匈奴，但苦于自身势力弱小又没有联合者。于是，汉武帝决定招募使臣出使大月氏，联络大月氏，共同夹击匈奴。汉中郡城固（今陕西城固县）人张骞以郎官身份应募出使。

张骞第一次出使西域，历时13年，出发时队伍达百余人，归来仅剩他和甘父两人。张骞此次出使虽未达到与大月氏结盟的目的，但却传播了汉朝的声威，了解到大量关于西域的地理、物产、军事等情况，为汉朝军队发动对匈奴的反击战争提供了大量重要的资料。

公元前119年，汉武帝决定再次派张骞出使西域，此行的目的是与西域大国乌孙结盟，招引乌孙回河西故地，并联络西域其他国家，彻底击败匈奴。此次张骞及其副使率领将士300人，每人备马两匹，携带牛羊万头及金币、丝帛数千巨万，张骞一行顺利抵达乌孙，受到乌孙王热情欢迎，但乌孙王不愿接受汉王朝请其回河西故地的建议。张骞在此停留期间派其副使分赴大宛、康居、大月氏、大夏、安息（今伊朗）、身毒（今印度）、于阗（今中国新疆和田）、扜弥（今中国新疆于田）及周边诸国。张骞于武帝元鼎二年（公元前115）与乌孙使者数十人返回长安。乌孙使臣亲眼目睹了汉王朝的富强，乌孙王接到报告后，随即与汉朝结盟，共抗匈奴。与此同时，被张骞派往各国的副使也同各有关国家的使节一起陆续回到长安。自此，汉朝与西域及西方诸国建立起了友好关系。张骞亦因其出使有功，被封为"大行"（负责外交礼仪的官员）。次年，张骞病逝于长安。

张骞两度出使西域，达到了孤立匈奴的目的，为汉朝军队取得反击匈

张骞雕像

奴战争的胜利创造了条件。随着匈奴势力的削弱，丝绸之路得以畅通，大大促进了中西政治、经济、文化交流。首先，在政治上，丝绸之路畅通后，我国新疆与内地首次连为一体，关系日益密切。到公元前60年（宣帝神爵二年），汉在西域设立都护，从此确立了新疆与中原王朝的隶属关系。其次，随着张骞及其副使出访中亚、南亚、西亚各国，各有关国家也派出使臣回访长安，由此建立起了中国与丝路沿线国家经常性的外交往来。再次，在中西方外交关系建立的同时，丝路贸易日趋繁荣兴旺，且以使臣相互往来为主要形式的官方贸易日益占据主导地位。史书记载：汉王朝每年派出使臣十多批，每批使团人数从百余人到数百人不等，出使一次时间长达数年或十数年，往返的使团经常在丝绸之路上相互遇到。汉朝出使者"皆贫人子，私县官赍物，欲贱市以私其利外国"。而外国来华使者同样也是"奉献者皆行贾贱人，欲通货市买，以献为名"。可见，外交使团相当于官方商队，他们是以官方交往为名，行贸易之实。由此，中原的丝绸、漆器、铁器等物品源源不断地流向天山南北及中亚、南亚及西亚各地。境外的奇禽异兽、象牙珠宝等奢侈品也大量涌入中国内地。在西汉政府维护下，丝路贸易日益呈现出官方的、经常性的、远达西方各国的色彩。中外经济贸易往来空前活跃。与此同时，文化思想也沿着丝绸之路进行着广泛的交流。

　　总之，张骞出使西域及随后汉王朝对匈奴战争的胜利，不但解除了汉王朝的边患，为汉王朝社会经济的发展创造了安定的环境，而且直接推动了丝绸之路的畅通，从而揭开了中国对外贸易的新纪元，使中外经济、文化得以广泛交流。由此也增进了各国人民的友谊，开阔了人们的眼界，丰富了人民的生活，促进了人类文明的进步，因而司马迁盛赞张骞通西域有"凿空"之功。

丝绸之路的路线

　　丝绸之路是东自我国西汉的长安（今西安），横贯亚洲大陆，西达地中海东岸的一条商路。全长约7000多公里。

　　丝绸之路有南北两道之分。《汉书·西域传》称："自玉门、阳关出西域有两道：从鄯善，傍南山北，波河西行，至莎车为南道。南道西逾葱岭则出大月氏、安息。自车师前王庭，随北山，波河西行至疏勒为北道。北道西逾葱岭则出大宛、康居、奄蔡。"可见，丝绸之路在我国境内，南道是由敦煌（今敦煌西）出阳关（敦煌西南古董滩附近），过鄯善（本名楼兰，都城为扜泥，今若羌县治卡克里克），沿昆仑山北西行，经且末（今且末县，塔里木盆地东南）、精绝（今民丰县北）、于阗（今和田一带）、皮山（今皮山县）至莎车（今莎车）；北道是由敦煌出玉门关（今敦煌西北小方盘城），越流沙，至车师前国（今吐鲁番），沿天山南西行，经焉耆（都城为员渠城，

今焉耆西南四十里)、龟兹（今库车）、姑墨（今阿克苏）至疏勒（今喀什）。这条路之所以分南北两道，是因为在我国新疆境内有塔里木盆地、塔克拉玛干大沙漠的横隔，只能沿昆仑山北侧或天山南侧西行的缘故。

从阳关、玉门关向东，直至丝绸之路的起点——长安（今西安），是长安到新疆之间我国国内交通的主要干线，又是丝绸之路在我国境内不可分割的一部分。这条商路又分为两段：一是从长安至河西走廊；二是河西走廊（即甘肃走廊）。

长安至河西走廊的这段商路，也分为南北两道。北道是自长安，经咸阳、兴平、礼泉、乾县、邠县、长武、泾川至平凉，再经固原、海原、靖远、景泰、古浪至武威。北道的开通，是在西汉时期。南道是从长安出发，经咸阳、兴平、武功、郿县、宝鸡、汧阳、陇县、陇城、秦安、通渭、陇西、渭源、临洮、临夏，至青海的民和、乐都、西宁，再往北过大通河（古浩门河），越祁连山过扁都口，经民乐至张掖，在此与北道汇合。南线的开辟，也始于西汉。张骞第一次出使西域，就是走的这段路程。其后，东晋的法显从长安经河西走廊、新疆到印度去求法取经，也正是途经此道。由于南道位于黄河以南的农耕地区，自然条件优越于北道。以上是南北两条干线，此外，还有若干条支线。

河西走廊，在古代中西交通史上具有重要的地位，是由中原抵达西域的最理想的通道。这段商路是从武威起，经永昌、山丹、张掖、临泽、高台、盐池、临水、酒泉、嘉峪关、玉门镇、布隆吉、安西至敦煌。自敦煌往西，便同上述新疆境内的丝绸之路的南北两道相接。

出越葱岭（今帕米尔）国境后，是丝绸之路的东段，仍分南北两道。南道，一是从皮山西南行至乌秅（今叶尔羌河上游）而达罽宾（今克什米尔）；二是从莎车，经蒲犁（今塔什库尔干），沿帕米尔河过休密（今阿富汗境内的瓦罕），经兰氏城（今阿富汗境内瓦齐拉巴德）至木鹿（今土库曼斯坦的巴伊拉姆阿里城附近），该商路抵达大月氏、大夏、安息等国。这是两汉时中亚境内的一段主要商路。北道，一是从姑墨越天山，过眞池（今吉尔吉斯斯坦伊塞克湖），绕葱岭以北而达康居的郅支城（今哈萨克斯坦南部江布尔市）；二是从疏勒西行越山道而达大宛、康居、奄蔡。两者相比，后者是一段主要的商路。公元前1世纪—公元2世纪，在安息控制经行伊朗高原和波斯湾的贸易情况下，该商路起了一定的作用。

再往西是横亘伊朗东西的一段商路，是丝绸之路的中段。它位于厄尔布尔士山脉与卡维尔沙漠之间，路途笔直而便捷。自木鹿西行经番兜（《后汉书》称和椟，希腊人称之为"百门"之城，即海克桐皮罗斯，今达姆甘附近）、拉盖（今德黑兰附近）、阿蛮（安息王的夏都艾克巴塔那，今哈马丹），至太西丰（底格里斯河左岸的安息王冬都，又称斯宾国，今巴格达东南二十英里）和塞琉西亚（底格里斯河右岸的希腊商业城市，又称斯罗国）。这两城隔河相望，可视作一个整体。波斯萨珊王朝定此为国都，我国史籍称之为苏利城、宿利城及苏剌萨党那等，阿拉伯人称之为"麦大因"。

丝绸之路经过安息，再往西，是从塞琉西亚为起点往西北行的，由多条支路所构成的一段商路，称其为西段。其主要的道路有如下三条：一是从塞琉西亚为起点，沿幼发拉底河左岸，或经幼发拉底河附近阿拉伯游牧部落的沙漠地带西北行，渡巴里赫河（今贝利赫河）至内塞佛立昂（今叙利亚的拉卡），再西北行至阿帕美亚城，过幼河至对岸祖格马镇，转西南行，抵达安都城（今土耳其的安塔基亚）。安都城在希腊化时期是塞琉西王国的首都，在罗马帝国时期是罗马"东方"总督的治所，也就是我国史籍所记大秦国的国都。中国的丝织品到达安都城后，一方面转贩欧洲各国；另一方面从安都城北上转西，越过小亚细亚的陶卢斯山（今托罗斯山）西去，至小亚细亚都城埃弗塞斯（今土耳其西部伊兹密尔一带）。这条路，称其为西段的中道。二是自底格里斯河的塞琉西亚出发，渡幼发拉底河西北行，至杜

拉·欧罗普（今叙利亚的萨利希亚堡），再西行抵达帕勒米拉（今叙利亚的塔德漠尔），又西北行抵安都城，或西南行至大马士革，再转向地中海东岸的西顿、太尔、贝鲁特等港口。这条路，就是西段的南道。它是随着叙利亚沙漠北部商队城市的兴起而形成，到公元3世纪才逐渐衰落。地中海东岸出产骨螺，这种动物分秘的液体可制成紫色染料。太尔港以染紫工业和制作丝织品服装著称，从中国辗转而来的丝织品，便是在这里进行拆散和染紫，再织成当地喜用的轻纱。之所以染成紫色，是因为罗马人把紫色看成是最名贵和最高尚的颜色。三是西段的北道，从太西丰出发，沿底格里斯河左岸北上，经古亚述都城尼涅微（今伊拉克的尼内韦赫），过河至摩苏尔（今伊拉克境内），西北行，经尼西比斯（今土耳其的努赛宾）、艾德萨（今土耳其的乌尔法）、阿帕美亚、祖格马镇至安都城。这条路因在北方，气候适宜，雨量充分，水草丰足，商队往来不绝于途。

以上是经由我国境内和出我国国境经中亚、西亚的丝绸之路。除此以外，还有一条是经行天山北路和东南俄草原的丝绸之路。两汉时期，天山以北就有路相通，但由于匈奴的侵扰受到了阻梗。

外来文明传入中国

随着对外贸易的开展，汉都长安逐渐成为国际大都会。史载长安"明珠、文甲、通犀、翠羽之珍盈于后宫，蒲梢、龙文鱼木、汗血之马充于黄门，巨象、狮子、猛犬、大雀之群食于外囿，殊方异物，四面而至"。东西方各国物品源源不断地流入中国，中亚北部诸国如康居、奄蔡等，盛产毛皮，汉代时大量输入中国，因此汉都长安等大城市出现了不少专营毛皮的商店，不少毛皮富商被比作"千乘之家"，富比王侯。此外，中亚、西亚及大秦的毛纺织品也不断进入中国。从罗马贩运来的毛纺织品，种类繁多，质地精良，史称其质"皆好，其色又鲜于海东诸国所作"。随着毛织品的输入，其生产制造技术也被汉代新疆各族人民吸收，对于新疆地区毛纺织业的发展起了有益的作用。

汉朝从中亚、西亚进口的最大宗的货物是马匹，作为传统的农耕地区，中国在汉朝时期马的品质低劣，数量亦有限。汉初，一些王公贵族出行只能乘牛车。为适应对匈奴战争的需要，汉王朝不断引入域外良马。张骞第二次出使西域，即从乌孙带回好马数十匹，被汉武帝称为"天马"。以后，大宛国的汗血马进入中国，更以其优良的品质夺得"天马"的美名，乌孙马被改称为"西极马"。到东汉时，月氏马、安息马也输入到中国，班固在给班超的信中称："今赍白素三百匹，欲以市月氏马、苏合香、𦋺登。"中亚、西亚良马的成批引进，大大有助于中国马种的改良，对于汉代及后世畜牧

业的发展起了有益的作用。汉武帝末年，仅中央直接掌管的军马就达到40万匹之多，民间"农夫以耕载，而民莫不乘骑"，马已成为农业生产及交通运输的重要工具了。

中亚、西亚的一些植物品种也传入中国，其中主要有：葡萄、苜蓿、石榴、胡麻、胡豆、胡桃、胡瓜、胡荽、胡蒜等。葡萄又称蒲桃或蒲陶，原产西亚，汉代时已传入中亚各地，大宛、康居、大月氏、罽宾、龟兹、车师等地都盛产葡萄及葡萄酒。如龟兹富户能收藏千担葡萄酒；大宛富人藏酒至万余担，"久者至数十岁不败，俗嗜酒"。汉使取种于大宛，葡萄传入中原，先在宫中种植，史书记载：汉武帝时离宫别观旁尽种葡萄，以后逐渐推广到民间。苜蓿也来自大宛，是汗血马的饲料，随汗血马的输入被引种到中国。石榴来自安息或中亚。胡麻即芝麻，据称来自大宛。胡桃即核桃，来自安息。胡豆即蚕豆，来自中亚或安息。胡瓜即黄瓜，原产埃及，汉代乌孙、大月氏等地都有种植，并由此传入中国。胡荽又称芫荽或香菜，胡蒜即大蒜，均来自中亚或西亚。这些植物新品种的引入，大大丰富了中国农作物品种，使汉代农业生产体系趋于完善。

此外，从境外输入的物品中还有为数众多的奢侈品、奇禽异兽。汉武帝时，"殊方异物，四面而至"。其中有来自大秦（今罗马）的夜光璧、珍珠、琥珀、珊瑚、火浣布、海西布、琉璃，来自身毒（今印度）的大象、犀牛、孔雀、玳瑁，来自安息（今伊朗）的狮子、鸵鸟等。这些珍奇异物的输入，尽管主要是供统治阶层奢侈享受，但它也开阔了人们的眼界，如在中国工艺美术品中出现了大量狮子等造型的图案，对于中国手工艺品的发展起了有益的作用。

与此同时，两汉时期中国也大量吸纳外来文化。由于国外珍禽异兽的传入，中国石雕艺术的题材中出现了狮子及长颈鹿的造型；域外植物的输入，使铜镜及丝织品的图案中出现了葡萄文饰。汉武帝时，经安息传入了大秦的魔术。到东汉时,大秦的杂技艺术又通过掸国(今缅甸)传来,使中国传统的角抵戏发展成名目繁多的"百戏"。中亚、身毒及掸国的音乐也传入中国,随之传来了西域的琵琶、箜篌、笳、笛、角等乐器。这一时期,传入中国的外来文化中最为重要的是印度的佛教,大体在公元前80年,有印度僧侣跟随商人来到于阗,佛教在新疆逐渐传播。东汉时,大月氏占据印度西北部,其王迦腻色迦崇尚佛教,在国内大造佛塔与佛寺,使佛教极度兴盛。大月氏僧侣陆续来华,并开始在中国翻译佛经,弘扬佛教。随着佛教的传入,古代印度犍陀罗地区深受希腊文化影响的犍陀罗艺术也传入中国,使汉代中国的佛教雕刻、绘画及建筑艺术别具风采。佛典的翻译对中国文学、史学都产生了深远的影响。总之,以中外经济交流为基础的文化交流的开展,使两汉时期的中国文化丰富多彩、璀璨夺目。

海上"丝绸之路"文明的萌芽

航运代替陆运是世界经济贸易发展的必然趋势。早在丝绸之路的早期阶段,我国已经开辟海运航线,发展海上贸易。

1. 早期中国人的海上活动

中国东南沿海人民自古靠海为生,上古时代最早的浮水工具是筏,《易经·物原》记载:"伏羲氏始乘桴。"此后发展到独木舟。20世纪70年代,考古学家在浙江河姆渡遗址曾发现了6支独木舟桨及舟形陶器,表明大约在7000年前的新石器时代独木舟已经出现了。此后,浮水工具不断改

进，至迟到夏代，木板船已经诞生了。随之而来的是帆的发明，帆船的出现，将人类航海活动的范围大大地扩展了。

史载夏朝第八代君主帝芒曾"命九夷，狩于海，获大鱼"，说明东南沿海各地之间已经有了航路联系。到商代，从安阳殷墟出土的象牙、鲸鱼骨及龟甲等这些原产于海外的文物看，中国先民的航海活动已延伸到域外。商末，贵族箕子率领殷民渡海到达朝鲜，在朝鲜北部建立政权，史称"箕氏朝鲜"。西周时代，东南沿海的居民统称"百越"，百越人以善于造船著称。《周书》记载，周文王时，百越人曾进献舟船。另有文献记载"越裳献雉，倭人供畅"，说明中国已通过海路与日本、越南有了交往。到春秋战国时期，中国东南沿海人民航海活动更加频繁，《越绝书》说越国人"以船为车，以楫为马"，齐国已是以渔盐之利为立国之本，吴国也一日不能废舟。从日本、朝鲜的出土文物看，这一时期中日、中朝之间的海上交往有了进一步发展。到秦统一全国，随着秦始皇多次巡海，渤海至两广的沿海交通路线已经畅通无阻。与此同时，方士徐福率众东渡日本的故事，也从一个侧面反映了这一时期中国人民大量渡海到达日本的事实。其时东渡日本的航线大体上是：自山东半岛出发，沿海岸航行至朝鲜半岛南部，过朝鲜海峡，到达日本。可见，秦汉之际，从中国通往朝鲜、日本的东海丝绸之路已经开辟。

随着海上活动的频繁展开，海外贸易也逐渐出现了。秦朝建立以前，岭南的番禺已因聚积海外珍奇而闻名全国。故秦朝建立后，秦始皇进军岭南，其动机之一即在于获得"越之犀角、象齿、翡翠、珠玑"。不过，汉代以前我国海外贸易活动只是偶发性的，尚无明确的记载。

2. 汉代南海至印度洋航线的开辟

汉代，中国的航海技术和造船水平有了进一步的提高。海上活动亦进入了一个新时期。特别是到西汉中期，国富民强，雄才大略的汉武帝锐意拓边，以加强并巩固大一统的封建帝国。他一方面派大军北击匈奴，另一方面派水师出击割据东南的百越。公元前138年（建元三年），闽越（其中心在今福建福州）发兵攻东瓯（中心在今浙江永嘉），汉武帝派严助率会稽郡水师渡海，救援东瓯，东瓯遂为西汉的直接辖区。公元前135年，汉又发兵攻闽越。公元前119年，汉取得对匈奴战争的决定性胜利，北方边患缓解，汉武帝便开始集中力量解决南越（包括今两广及越南北部，其中心在今广东广州）。公元前112年，武帝派遣路博德、杨仆率军攻南越。南越平定后，汉在其境内设立了珠涯（今海南琼山）、儋耳（今海南儋县）、南海（今广东南海）、仓梧（今广西苍梧）、郁林（今广西贵县）、合浦（今广西合浦）、交趾（今越南北部）、九真（今越南青化）、日南（今越南乂安）等郡。至此，中国南方沿海航路畅通。随后，汉武帝又将注意力集中于北方海域。汉初，卫氏朝鲜为汉外臣，然而并不服从于汉，不但攻杀辽东地方官吏，而且阻断朝鲜半岛上的其他小国与汉的交往及海上航路。元封二年至三年（公元前109—前108），汉武帝遣左将军荀彘出辽东从陆路出击，同时派楼船将军杨仆率兵5万，从山东渡渤海、黄海沿水路进攻卫氏朝鲜之都王险城。汉取胜后在朝鲜半岛北部建立了玄菟、乐浪、真番、临屯四郡。至此，汉王朝海疆稳固，沿海航路畅通无阻，为中外海上交通贸易的发展创造了前提条件。

与沿海开拓相互促进的造船、航海业也有了巨大的发展。汉代船舶，在载重量上较前大大提高了。《史记·平准书》记载，汉代"楼船高十余丈"。《太平御览》中称汉代船"大艄所出，皆受万斛"。这些记载虽有夸大之嫌，但一定程度上反映出历史的真实面目。

中华文明走出国门

随着中外贸易的开展，以商品为载体的中国先进经济文化也传播到域外各国。与此同时，异域文化也传入中国。中外文化相互交融，共铸辉煌。不过，由于汉代中国经济文化处于世界领先地位，因此，中国物质文明和精神文明对世界的影响更为显著。

汉代时，中国经丝绸之路输出的商品种类丰富，既有被西方人视为奢侈消费品的丝绸、漆器，也有铁器等生产工具，还有中国特有的植物品种，如肉桂、生姜、谷子、高粱等，其中最为重要的是丝绸及铁器。

据《史记·大宛列传》记载：自大宛以西至安息"其地皆无丝漆，不知铸铁器"。沿着丝绸之路，中国丝绸源源不断地输往西方。近代以来，在丝绸之路沿线很多地方都曾发现汉代丝织物，有的甚至是成捆的丝绸埋没在干燥的沙漠中。中国丝织品丰富了西方各国人民的衣着，美化了他们的生活，如罗马皇帝凯撒和埃及王后克娄奥巴特拉都以穿着中国丝绸制成的锦袍为荣耀。中国丝绸的精妙绝伦日益为东西方各国所认识，他们在花费重金进口中国丝绸的同时，也竭力寻求获得中国的养蚕缫丝技术。大体上在汉代时，中国中原地区的养蚕缫丝技术已传到新疆地区。

唐代高僧玄奘在其《大唐西域记》中记载了一个关于蚕种西传的故事。该书记载，瞿萨旦那国（即古于阗国）原来没有养蚕缫丝业，后来听说其东方邻国有蚕桑，于是派使臣前去求取，然而被东国国王拒绝。东国国王还下令边关严防蚕桑之种被人携带出境。瞿萨旦那王只好卑辞下礼，派人向东国求婚，东国国王答应了这一要求。瞿萨旦那王令迎娶使臣告诉东国公主说，我国历来没有丝绸桑蚕，你可以把蚕桑之种带来，将来好为自己做衣服。东国公主接受了这一建议，私下将桑蚕种子放入帽絮中。当他们抵达边关，守卫关卡的官员仔细检查了所有的物品，只有公主的帽子不得检查。这样，桑蚕之种就被带入瞿萨旦那国。从此，瞿萨旦那国开始了养蚕缫丝业。王妃还令人刻石立碑规定：严格保护蚕桑，不得随意杀伤，违者处以严厉的刑罚。此故事还见于藏文《于阗国授记》。公元1900年，斯坦因在和田丹丹乌里克遗址中发现了一块木版彩画，该画生动地描绘了上述故事。画面中央绘一盛装贵妇，坐于其间，头戴高冕，两旁跪着两位侍女，左边侍女以右手指贵妇之冕，画面左端绘有一篮，其中盛满形同果实之物。右端有一多面形之物。据斯坦因考证，

班固雕像

画中贵妇人，即上述传说中的东国公主。侍女手指贵妇人之冕，意为冕下隐藏之物，即公主私运来的蚕种。左端篮中所盛之物，即为蚕茧。右面所画多面形的物体，即纺织丝绸用的纺车。由此可见，这一传说并非完全属于虚构。另据考证，文中的东国，并非指汉帝国，可能是指于阗以东的鄯善国。汉代中原的养蚕缫丝技术除了沿着丝绸之路向西北地区传播外，还沿海路传入朝鲜、日本及越南等地。

除丝织品外，汉代中国输出的商品还有漆器、铁器、釉陶、纸等。近代在阿富汗喀布尔以北的一个佛教寺院遗址中曾发掘出汉代的漆奁、漆盘和

漆耳杯。纸是两汉时期中国人的一项伟大发明，东汉时，中国已成批生产纸张了。这种价格低廉、携带方便、书写容易的材料很快成为中外商人经营的一种新商品。它首先由丝路传入新疆，新中国成立后，在新疆很多地方出土有汉代中原地区所产的植物纤维纸。这一时期，纸还越过葱岭传到印度的西北部。汉代的冶铁技术和水利灌溉技术也传播到域外，汉代的铁制品以精良的品质享誉世界。公元前2世纪，大宛人学会了中国铸铁技术，此后再由其传入安息。中国铁器传入安息后，在木鹿（今土库曼斯坦的马里）被锻造成武器，锋利无比，所以罗马史家普鲁塔克将安息武器称为"木鹿武器"。到公元1世纪，中国铁器也大量流入罗马，普林尼曾说："赛里斯送来的铁最优秀。"汉代中国的钢铁也传入印度，故梵文中将中国钢称为"支那生"。此外，铁及铸铁技术也沿着海路传入东南亚，如在今越南北部，汉交趾太守任延教会当地人铸造铁制农具，《后汉书·任延传》记载："九真俗以射猎为业，不知牛耕，民常告籴交址，每致困乏。延乃令铸作田器，教之垦辟。田畴岁岁开广，百姓充给。"近代在印尼爪哇岛也曾出土汉代铁器。

中国商品及其制造技术的传播，特别是铁及冶铁术的输出，改进了世界各地的生产工具，大大提高了劳动生产力，从而丰富了东西方各国人民的物质生活，促进了当地的社会进步。

扩展阅读　张骞第一次出使西域

张骞第一次出使西域时历经了很多磨难。第一次出使西域行动十分机密，旅程也很艰苦。为了避免被匈奴骑兵发现，张骞带领这支特殊的队伍专门寻找偏僻荒凉的地方走。当时还没有发明指南针，他们白天靠观察太阳来辨别方向，夜晚就只能靠星星指引方向。遇到阴天时，他们就会迷失方向，在不大的一块地方转来转去，无论怎样努力都走不出去。就这样，张骞一行人日夜兼程地向西北方向前进，渐渐走到了沙漠的边缘。

一天，张骞他们走得人困马乏，正想停下来休息。突然，张骞发现前方不远处尘土飞扬，看样子不像是旋风。他赶忙跳下马，耳朵贴在地面上，果然听到马蹄踏地的微响。他立即吩咐大家，赶快催马向一旁躲避。谁知他们还没跑出多远，就被凶猛剽悍的匈奴骑兵追上了。匈奴人高声呼喊着，打着尖利的呼哨，驱马将他们团团围住。想逃跑已经不可能，张骞他们只得抽出武器跟敌人拼杀。尽管这一百多人都是精心挑选出来的好汉，但终因寡不敌众，有人战死了，其余的人都受了伤，最后都落到了匈奴人手中。张骞和他的部下甘父等人被押到单于面前。单于亲自审问他们，要他们回答为什么要去大月氏，因为他们的装束和行为都不像商人，而且商人也没有这样的胆量，敢和匈奴骑兵对抗，所以单于对张骞等人西行的目的已经猜了个八九不离十。当他听说汉朝果真派使臣去联络大月氏时，不禁勃然大怒，立即命令扣押张骞等人，把他们隔离开，分别遣送到匈奴人的驻地

严加看管。

张骞被送到茫茫草原上的一个匈奴部落,在匈奴人的监视下放牧牛羊。他被迫换上了匈奴人的服装,住在毡帐里,吃牛羊肉,喝马奶,并随着季节的变换不断地迁移住处。不久以后,单于又想出一个新花样。为了让张骞归顺匈奴,并变成地道的匈奴人,单于强迫他跟一个匈奴女子结了婚,让他在草原上生儿育女。单于相信,时间一长,这个刚强的汉朝使臣就会服软,就会效忠匈奴,这对大汉朝可是个不小的羞辱,比杀了他有好处。

张骞倒也守"规矩",他安安静静地过着牧民的生活,平静地接受了单于派给他的妻子,他还学会了匈奴话,和周围的匈奴人相处得很融洽,彼此相敬相爱。日子一久,人们几乎忘记了他是外族人,以为他早已放弃了寻找大月氏的念头。

日出日落,春来秋往,牧草枯了又绿,大雁去了又来。转眼间,张骞在苍茫无边的大草原上度过了11年时光,他的匈奴妻子已为他生了几个儿女,白发也悄悄地出现在他的鬓角。

在这漫长的半囚徒生活里,他表面上听从匈奴人摆布,但在内心深处,他无时无刻不在思念祖国。想着汉武帝交给他的外交使命,经常使他满心烦躁,急出一身汗来。他仰望着天空中自由飞翔的苍鹰,多么渴望能插上双翅,飞出这片牢笼般的土地,去完成自己的任务啊!可是,他心里明白,十多年来,匈奴人并没有放松对他的监视,自己的一举一动全在人家的监督下,所以他不敢贸然行动。

忍耐啊,等待啊!就在这种难以忍耐的等待中,张骞刻苦地磨炼着自己的意志。终于,在公元前128年,他等到了逃跑的机会。

张骞趁匈奴人防备疏忽,事先和甘父等部下秘密联系。他们偷着准备了许多马匹和干粮,在一个伸手不见五指的黑夜里,他们跨上骏马,像冲出笼子的鸟儿,神不知鬼不觉地逃跑了。

张骞等人的心情是多么激动啊！整整11年，他们忍耐着，不露声色地等待着，这需要多大的毅力和多么坚强的意志啊！他们没有忘记自己是汉朝的使者，他们要完成自己的任务，于是，他们继续向西前进。

现在，他们的队伍中少了许多年轻的伙伴，却多了几个妇女和大大小小的孩子。虽然是被迫结婚的，但张骞等人还是连妻子儿女一块带出来了。为了摆脱匈奴人的追捕，他们马不停蹄，专走人迹罕至的荒凉地方。忍受着炎热和干渴的煎熬，他们穿过茫茫的沙漠戈壁，然后沿着天山南麓，来到了长年冰封雪冻的葱岭，又历尽千辛万苦，翻过白雪皑皑的山岭，来到了险要高峻的帕米尔高原，终于找到了大月氏国。张骞他们是多么高兴啊！想到为寻找大月氏经历的艰难困苦，想到为此付出了生命的许多伙伴，他们一个个禁不住热泪盈眶。

可是，这时的大月氏人已经没有兴趣跟匈奴人作战了。张骞好像被当头泼了一盆冷水，顿时觉得心都凉透了。他和伙伴千辛万苦来到这里，不甘心就这样空手回去，于是，他们决定耐心地等下去，直到大月氏国王给他们一个满意的答复。

一年过去了，张骞对大月氏人的生活已经很熟悉了，他了解到本地人很喜欢汉朝出产的丝绸等东西，便留意在心。他还没有放弃说服大月氏王出兵的希望，时不时去探听一下有什么好消息。比起在匈奴的11年，这时的张骞体会到的是另外一种艰难的忍耐和等待。想到自己离开汉朝已经12年，不知皇帝和朝中百官怎样想，不知家中亲人是否还安好，张骞心里真像油煎一样，难受异常，大月氏国王是决意不去触动匈奴了，张骞见再等下去也不会有什么结果，便决定启程返回。

为了绕开匈奴人的管辖地，他们没有走原路，而是决定翻过祁连山，从山南的西羌穿越过去。

可是，就在他们翻越祁连山的时候，又被匈奴人抓住了。

再次成为匈奴的俘虏，张骞心里真是痛苦极了。而匈奴人吸取上次的教训，对他们的看管更加严厉。张骞失去了自由，要想再次逃出匈奴人的魔掌，简直像太阳从西边升起来一样不可能，他绝望地捶打自己的胸膛，像野兽一样大声吼叫，发泄心中的痛苦和愤怒。

谁也不会料到，一年之后，一件意外的事情发生了。这一年，蛮横凶猛的老单于去世了，为了争夺单于的宝座，匈奴内部发生了战乱，整个草原上兵荒马乱，谁还顾得上看管张骞等汉人呢？逃跑的机会终于来了，张骞带着妻子，找到了甘父，马不停蹄地拼命逃跑了，匆忙中连几个孩子都没顾上带走。

公元前126年的一天，出使西域13年的张骞终于回到了汉朝的都城长安。

张骞出使西域，把我国和遥远的西域各国联系起来，打通了联结东西方向的"丝绸之路"，使中西文化交流开始了一个新的纪元。

第五章

日新月异
——人类书写文明的新跨越

中国古人以麻、树皮、藤、竹等植物作为造纸原料,使造纸原料来源丰富,成本低且品质优良;发明和使用纸浆槽、抄纸帘等工具,使纸张的生产效率和质量得以提高。造纸术出现以后,为改善纸的性能、增加纸的美感和艺术性,人们又先后发明了施胶、涂布、染色等多种加工处理方法,创制出许多品质优异、色泽美观的名纸。纸张种类繁多,用途广泛,本章不仅记载了造纸技术日新月异的演变历程,也体现了在发展进程中,人类的杰出智慧。

秦汉早期的帛书

所谓帛书，就是将文字、图像写绘于丝织品上的一种书籍形式。在纸张未发明前，帛书是和竹简同时使用的一种书籍形式。在先秦的一些著作中，往往将竹简和帛书并提，说明帛在当时已是一种书写文字的主要材料。《墨子·明鬼篇》说："古者圣王，……书之竹帛，传遗后世子孙。"《韩非子·安危篇》也说："先王寄理于竹帛。"《晏子春秋》上说："著之于帛，申之以策。"这说明在春秋战国时代，上层社会已普遍用缣帛作为书写著作或公文的材料。

在纸张发明以前的几百年历史中，帛书曾是书籍的主要形式之一。中国古代的丝织技术有着悠久的历史。传说公元前 26 世纪，黄帝的妻子嫘祖发明了养蚕织丝。在一些新石器时代的遗址中，也曾发现原始的丝织品和石器、陶器制成的纺轮。殷商时代的甲骨文中，已有丝、蚕、帛、桑等字。安阳殷墟中也发现过丝帛的残迹，研究证明，当时的丝织技术已很进步。西周时代关于丝织的记载就更多了。在《诗经》中有几处都记载了民间妇女采桑、缫丝、纺织以及用丝织品进行贸易交换的情景。

大约在秦至西汉间，是帛书使用最多的时期。由于丝织技术的进步，为社会提供了更多、更好的缣帛，用于各种重要典籍、文书、信件的书写。丝织品虽是当时最轻便的书写材料，但其价格昂贵，除了上层社会以外，普通人是难以使用的。

20世纪以来，帛书和帛画的不断出土，更向我们展现了古代实物的风貌。公元1908年，史坦因在敦煌发现两件书写在丝织品上的信件，约为公元1世纪之物。20世纪30年代至70年代，在长沙楚墓和山东临沂西汉墓中，多次发现战国至西汉时期的帛书和帛画。其中画多于书，证明了在简策时期，用丝织品来绘制书籍插图的历史。

在帛书的出土中，最有名的是1973年长沙马王堆西汉墓中的发现。这次出土的帛书有十多种，十二万多字，用黑墨书写于丝织品上，字体有小篆和隶书。其中有《老子》写本两种，《战国策》写本一万二千多字，多为今本所未有，《易经》写本比今本多四千余字，另外还有阴阳、刑德等书。

简策和缣帛是同一时期并用的书写材料，简策由于造价低廉，常用作一般书籍的书写，或用作重要典籍、文书的起草。应劭说："刘向为孝成皇帝典校书籍二十余年，皆先书竹，为易刊定，可缮写者以上素也。"在竹简上书写，修改时可以用刀削去一层再重新书写，而在缣帛上书写，则无法修改，凡重要的政府文典，都用缣帛书写。丝织品用于书写，确为纸张发明前最优良的书写材料，但由于价格昂贵，无法被广泛的应用。

马王堆帛书《黄帝书》

在简策和帛书应用的时代,"篇"是竹简的单位,而"卷"则是帛书的单位。《汉书·艺文志》中所载的书籍,只有一少部分称"卷",而大多数书籍都称"篇",说明简策的使用占绝大多数。大约在春秋战国之际,人们在使用竹木简的同时,又发明了另外一种办法,即用丝织品来写字、画图。

我国是世界上最早饲养家蚕和织造丝绸的国家。养蚕从什么时候开始的,现在还不能确定。据古书记载,在殷商时代,我国蚕丝业已经相当发达,在甲骨文中,已经有"丝""帛"和"桑"等字。另外,还有祭祀蚕神的记载。当时,人们不但有丝绸可以做衣服,甚至连用的东西也用绢帛包起来了。考古工作者曾经发现一些粘附在殷代铜器上面的丝绸残片,有的织成了菱形花纹,有的还有刺绣的图案。

随着社会经济的发展,丝织品的生产也更加普遍。大约在西周时侯,人们就开始用帛写字,到了春秋战国时侯,用帛写字的人就越来越多了。古人写的书里,"竹帛"两个字相当于我们今天的"稿纸"。战国初年有个思想家墨子,曾在他的书里不止一次地说到"著于竹帛",就是写在竹简和帛上的意思。这说明帛和竹简、木简一样,当时都用来作书写的材料。那时候,人们不但用帛写字,还用帛画图。从1971—1974年春天,我国考古工作者发掘了湖南长沙马王堆的三座汉墓,除了发现一具两千多年没有腐烂的女尸外,还获得了大量珍贵的文物。在这些文物中,尤其重要的是两幅彩绘帛画、两幅画在帛上的地图以及一大批帛书,同时出土的,还有六百多根竹简。这说明当时竹木简和帛是并用的。帛很轻便,便于携带和书写,看得也很清楚。可是,帛的生产毕竟不是那么容易,价钱也太贵了,一般人用不起。所以在我国古代,帛书不及竹简和木简那样普遍。竹简木简太笨重,帛又太贵,用这些东西写字,都有缺点,还得想出更好的方法来。于是,随着生产和科学技术的发展,纸张被发明了。

植物纤维纸——灞桥纸

1975 年 5 月，在陕西省西安市郊灞桥砖瓦厂工地上，发现了一坐古代墓葬。我国考古工作者立即对这座墓进行了清理，在墓中发掘到铜剑、铜镜、半两钱、石虎、陶器等文物。其中值得注意的是，在包着麻布的铜镜下面，放有一些米黄色的古纸，最大的差不多有十厘米左右，还有一些较小的纸片。纸上面有明显的被麻布压成的布纹。由于长期和铜镜放在一起，纸和麻布的表面都呈现出绿色铜锈老斑。这些情况说明，它是和其他文物同时随葬入墓的。

考古工作者对这座古墓和出土文物进行研究，断定它们的年代不会晚于西汉武帝，离现在已经有 2100 多年了。

这些古纸因为是在灞桥这个地方发掘出来的，所以称为灞桥纸。

灞桥纸究竟是用什么原料制造的呢？1956 年，我国有关单位对灞桥纸进行了反复检验，确定它主要是由大麻纤维所造的，但是也混有少量的苎麻。大麻是我国种植的最古老的麻类。春秋时代编成的我国最早的一部诗歌总集《诗经》，其中就提到"麻"和"纻"。"麻"，指大麻；"纻"，指苎麻。汉朝时侯，它们都是麻纺业中的主要原料。因此，人们也就把它们用来造纸。

用麻来造纸，采用的也是丝绵纸——"赫蹄"的制造方法。我国古代的劳动人民穿不起丝绸、丝绵，只好穿麻制品。古书上是把"布"（指麻布）

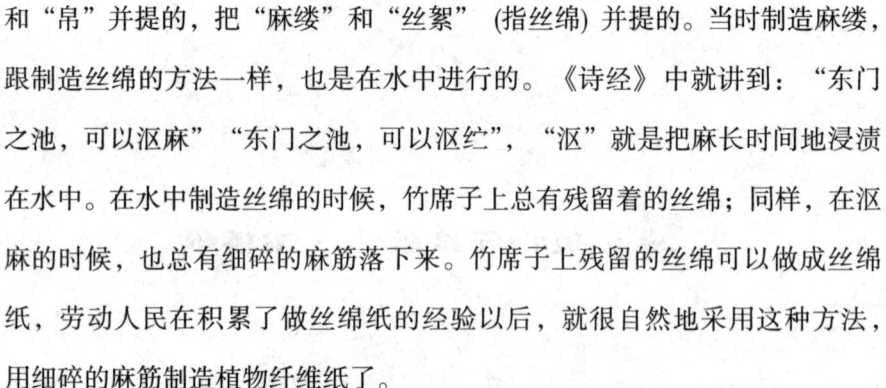

和"帛"并提的，把"麻缕"和"丝絮"（指丝绵）并提的。当时制造麻缕，跟制造丝绵的方法一样，也是在水中进行的。《诗经》中就讲到："东门之池，可以沤麻""东门之池，可以沤纻"，"沤"就是把麻长时间地浸渍在水中。在水中制造丝绵的时候，竹席子上总有残留着的丝绵；同样，在沤麻的时候，也总有细碎的麻筋落下来。竹席子上残留的丝绵可以做成丝绵纸，劳动人民在积累了做丝绵纸的经验以后，就很自然地采用这种方法，用细碎的麻筋制造植物纤维纸了。

灞桥纸是世界上现存的最早的植物纤维纸。它的发现，在科学技术史上具有重大的意义。过去，历史书都说纸是东汉蔡伦发明的，灞桥纸的发现，说明早在西汉时代，我国劳动人民已经发明用植物纤维造纸。

除了灞桥纸以外，1933年，在我国新疆罗布淖尔地区，也发掘到一张西汉古纸，不过它的时代比灞桥纸晚一点。这张西汉古纸，也是用麻类纤维制造的。

我国虽然在西汉时代就有了植物纤维纸，但是，那时候麻缕也跟丝绵一样，是用来做衣服的，不可能大量用在造纸上。同时，麻缕制的纸又厚又糙，不是很适宜写字，它还需要进一步改进和提高，才能代替竹简、木简和丝帛。

蔡伦改进造纸术

蔡伦生活在东汉汉和帝时期，他是桂阳人，桂阳就是现在的湖南耒阳一带。在蔡伦出生的几十年前，我国发生了一次大规模的农民起义。这次起义在一定程度上打击了封建统治，推动了社会生产力的发展。从东汉初年到汉和帝时期，农业和手工业都不断进步。社会经济的发展，对纸张的生产提出了更高的要求。

蔡伦从小就到皇宫里去当太监，担任职位较低的职务——小黄门，后来得到汉和帝信任，被提升为中常侍，参与国家的机密大事。他还做过管理宫廷用品的官——尚方令，监督工匠为皇室制造宝剑和其他各种器械，因而经常和工匠们接触。劳动人民的精湛技术和创造精神，给了他很大的影响。

当时，蔡伦看到大家写字很不方便，竹简和木简太笨重，丝帛太贵，丝绵纸不可能大量生产，都有缺点。于是，他就研究改进造纸的方法。

蔡伦总结了前人造纸的经验，带领工匠们用树皮、麻头、破布和破鱼网等原料来造纸。他们先把树皮、麻头、破布和破鱼网等东西剪碎或切断，放在水里浸渍相当长的一段时间，再捣烂成浆状物，还要经过蒸煮，然后在席子上摊成薄片，放在太阳底下晒干，这样就变成纸了。

用这种方法造出来的纸，体轻质薄，很适合写字，因而受到了人们的欢迎。东汉元兴元年（105年），蔡伦把这个重大的成就报告了汉和帝，汉和帝赞扬了他一番。从此，全国各地都开始用这样的方法造纸。

造纸技术很复杂，不可能是某一个人凭空想出来的。事实上，在蔡伦之前，劳动人民已经用植物纤维来造纸了。所以我们不能说纸是蔡伦发明的，但是也应该肯定蔡伦对改进造纸技术是有很大贡献的。

蔡伦带领工匠改进造纸方法，造出了质量较高的纸。他提出用树皮、麻头、破布、破鱼网来做原料，也是造纸技术的一大进步。这些原料来源广泛，价钱便宜，有的还是废物利用，因此可以大量生产。至于以树皮为原料，更是一个新的发现。后代人用木浆造纸，就是受到蔡伦用树皮造纸的启发。

蔡伦改进造纸方法的成功，是人类文化史上的一件大事。从此，纸才有可能大量生产，给以后书籍的印刷创造了物质条件。

蔡伦以后，别人又不断把他的方法加以改进。蔡伦死后大约80年（东汉末年），又出了一位造纸能手，名叫左伯。他造出来的纸厚薄均匀，质地细密，色泽鲜明，当时人们称这种纸为"左伯纸"。可惜历史上没有把左伯所用的原料和制造方法记载下来。

自从蔡伦改进造纸技术以后，造纸业就迅速发展起来。

蔡伦雕像

造纸术对世界文明的影响

过去，人们一般都认为，纸是蔡伦发明的。其主要依据是《后汉书·蔡伦传》中说的："自古书契，多编以竹简，其用缣帛者谓之为纸。缣贵而简重，并不便于人。伦乃造意，用树肤、麻头及敝布、鱼网以为纸。元兴元年，奏上之。帝善其能，自是莫不从用焉，故天下咸称'蔡侯纸'。"但是，近年来的考古发现，如1933年在新疆罗布淖汉代烽燧亭故址出土有一张古纸，同时出土的有黄龙元年（公元前49年）的木简，表明古纸是西汉遗物；1957年在西安灞桥发现一叠古纸，年代在公元前118年前；1973年在甘肃居延发现两团古纸，年代约在公元前73—前149年；1979年在甘肃敦煌马圈湾发现古纸五件八片，为公元前23年以前的遗物；1986年在甘肃天水放马滩发现一张古纸，上面绘有天水一带的地形图，是公元前2世纪时西汉早期的遗物等，改变了人们的认识。这些出土的古纸都是麻纸，表明我国至迟在公元前2世纪时，就已经以麻作原料制作纸张了，从而把我国的造纸史向前推进了200多年。

蔡伦作为纸的发明者的历史地位虽然被否定了，但是他在造纸技术上的丰功伟绩却不应也不可能被抹杀。

自从蔡伦改进了造纸技术，提高了纸张质量以后，纸张便逐步地代替了我国原先使用的竹木简和缣帛，成为我国历史上主要的书写材料。自汉以后，我国的造纸技术不断地改进和发展，造纸原料的范围扩展到藤、竹、

稻草等。纸张的品质也逐步提高，并出现了蜡笺、冷金、错金、罗纹、泥金银加绘、砑光等一大批名贵的工艺纸。

纸张不但在中国引发了一场书写材料的革命，而且随着中外文化的交流，先后取代了埃及的纸草、印度的树叶，以及欧洲的羊皮，引起了世界性的书写材料变革。中国的这一伟大发明，对于世界文明的发展和文化交流所做出的贡献是难以估量的。

造纸术先后传入朝鲜、日本、印度、阿拉伯、埃及和西班牙等。至1690年荷兰人将造纸术传到美国的费城，19世纪初传到澳洲的墨尔本，至此，造纸术传遍了全世界。

造纸术的发明，是中国在人类文化传播和发展史上做出的一项十分宝贵的贡献，是中国史上的一项重大成就，对中国历史产生了重要的影响，也是人类文明史上的一项重大突破。

汉代书籍的繁荣局面

纸张的出现方便了书籍的印刷，这就形成了汉代书籍的繁荣局面。

汉代的书籍，是一个值得人们谈说的话题。汉代以前，书籍是写了一些，但总体数量不多，这有两个原因：一是用于书写的工具和材料太简单粗糙；另一个是秦末焚书，损失了不少。项羽在反秦时一把火烧了秦宫室，有多少图书在其中被烧也未可知。但这也仅是就官方来说的，而在民间，私人著书和藏书的情况尽管没有详尽的记载见于文献，但就汉代著录的情况看，应当不在少数。

《汉书·艺文志》的一段记载颇值得注意，"汉兴，改秦之败，大收篇籍，广开献书之路。迄孝武世，书缺简脱，礼坏乐崩，圣上喟然而称曰：'朕甚闵焉！'于是建藏书之策，置写书之官，下及诸子传说，皆充秘府。至成帝时，以书颇散亡，使谒者陈农求遗书于天下。诏光禄大夫刘向校经传诸子诗赋，步兵校尉任宏校兵书，太史令尹咸校数术，侍医李柱国校方技。每一书已，向辄条其篇目，撮其指意，录而奏之。会向卒，哀帝复使向子侍中奉车都尉歆卒父业。歆于是总群书而奏其《七略》，故有《辑略》，有《六艺略》，有《诸子略》，有《诗赋略》，有《兵书略》，有《术数略》，有《方技略》。"这段文献记载反映了汉代书籍情况大约有如下几个问题：首先是先秦以来的民间书籍不在少数。《七略》的内容涉及很广，也只是一个目录。这样大的一个书籍数字，在两汉初年是不可能被当时人一蹴而就的，相当一部分书籍是先秦以来流传和积累下来的，但这种流传和积累更多地来自民间和私人著述，也不排除汉朝当时人造了一些伪书，像汉代的经今古文之争，原因就是因为伪古文尚书在作祟。其次是汉初"大收篇籍"，即鼓励民间向政府献书。这种鼓励在当时还表现为政府出资向民间藏书者购买，所以人们献书的热情很高，书籍的增多在汉初也就成为一种必然的现象。这种宽松的文化政策，想必对汉朝当时人的文化创作会有极大的促进和激励作用。最后是汉朝政府"建藏书之策，置写书之官，下及诸子传说，皆充秘府。"可见汉政府对书籍搜集和管理的重视，汉政府设置相应的职官对图书的写作进行管理，同时又对政府的藏书做了统一规定。

在武帝以后，特别是东汉时期，汉政府除设有太史令主管皇家图书秘籍之外，也建有诸如兰台、东观一类的藏书阁以收藏图书。可以说，中国古代图书馆阁和图书管理制度的建立，以及相关的职官制度和修史制度的确立当始于汉代。

汉代王充撰写的《论衡》

汉代有了正规的目录学著作,这是汉代书籍发展的最有力证明。《汉书·艺文志》就是这样的目录学著作,而且是至汉代为止第一部目录学著作。它的影响很大,唐修《隋书》时编写了《经籍志》,其来源便是《汉书·艺文志》。我们今天讲汉代的书籍,其文献征引和史料来源也大多出自《汉书·艺文志》。

汉代的书籍究竟有多少?这是一个不太好确定的数目,首先是汉代的书家,即作者是一个无法确定的数字;其次是按照学派和学派内部的分支,也是一个并非容易明确的数字,特别是民间藏书家和民间作者所持有的书籍到底有多少,不好估量;最后是汉代成篇的书籍与成卷的书籍是一个什么样的关系,两者的差别是什么?还是双方可以互用,而且现存的书目是否真有其书?

所有这些对于统计汉代书籍都是不能回避的问题。但是不是就因此而没有一个起码的大概数目呢？当然不是，以《汉书·艺文志》的记载，各家书目的情况大致是"凡《易》十三家，二百九十四篇。……凡《书》九家，四百一十二篇。……凡《诗》六家，四百一十六卷。凡《礼》十三家，五百五十五篇。……凡《乐》六家，百六十五篇。……凡《春秋》二十三家，九百四十八篇。……凡《论语》十二家，二百二十九篇。……凡《孝经》十一家，五十九篇。……凡小学十家，四十五篇。……凡六艺一百三家，三千一百二十三篇。……"

从上面的记载可以大致对汉代的书籍情况有一个总的了解，汉代的学术流派还是很多的，各学术流派在大方向相同的情况下也有许多分支派别，各自的学术观点和学术视角也是众多歧异。因此各家著书立说，使汉代的学术呈现异常活跃的局面。值得注意的是，尽管《汉书·艺文志》著录各家学派可谓众多，书籍总量也甚为浩大，但相当一批学派的著述是不被立于学馆的。而且，汉代民间著述十分丰富，也远不止《艺文志》所统计的书目卷数，更多的材料是《汉书》的作者没有见到或是遗漏忽略了。中国古代文献书籍在传播过程中散佚和流失的情况是经常存在的，从这个意义上说，汉代书籍的真实情况显然比较起《艺文志》的记录要丰富得多。从《汉书·艺文志》的记载中又可以看出，先秦以来的各家诸子学派几乎都有所录，而且就各学派的细致分类则又显然要比先秦时期超出许多。这说明，汉代的学术交流和学术争鸣还是较为活跃和自由的，没有这样较好的学术环境，也就不会有汉代书籍的繁荣局面。

汉代书籍的繁荣情况也表现在作为商品而流通的书籍已在汉代的交易市场上出现。《后汉书·王充传》记载说："王充少孤，乡里称孝。后到京师，受业太学，师事班彪。好博览而不守章句。家贫无书，常游洛阳市肆，阅所卖书，一见辄能诵忆，日久，逐博通众流百家之言。"说明从事

售书的商人至少在东汉时已经出现了。从文献的记载上看，王充在书商的店铺里看了不少书，似乎诸子百家的各门类书籍都有出售。这应该不是一件简单的事，如果没有书籍业在汉代的大发展，无论如何也想象不到在汉代会有这样的书商。书商的出现，说明购书人的增多，更说明了书籍的流通、传播和普及的速度在加快。在中国古代商品经济长期发展缓慢的历史背景下，书肆、书坊等专业售书和制书中心的大量出现和存在，除了因为古代中国重教重学的风气因素影响外，也和整个时代文化的进步相关。中国古代文化更偏重精神层面，汉代就是一个突出的例子。这种精神文化的物化形式之一，便是汉代书籍的发展。

扩展阅读　造纸术先进的加工技术

随着纸的逐渐普及，人们开始重视纸的加工技术。由于早期造纸技术不是十分完善，所制造的纸张相对粗糙，书有时会出现洇水现象。为解决这些问题，造纸工匠们发明了纸的加工技术——砑光。砑光是用光滑的砑石将凹凸不平、粗糙的纸面磨平、砑实，将纸面的刷痕消除，经过砑光处理的纸张平滑而有光泽。东汉末年，在山东东莱（今莱州）出现了造纸名家左伯，人称左伯纸"妍妙生光"，这种纸可能就是经过砑光加工的。它制造精细，平滑洁白，是人们所公认的最佳书写材料。纸在书写领域内的优势逐渐显示出来，正像有人所称赞的：用纸写信，既可免于传递笨重简牍之苦，又可节省昂贵缣帛之资，纸的质美、价廉、轻便、适用的特性得以体现。纸的发明无愧于人类书写材料划时代的革命。

　　两汉时期发明的造纸术在晋唐时期进入全面发展阶段。麻、藤、楮树皮、桑树皮、竹等各种新的造纸原料被不断应用，床架式抄纸帘等造纸设备的创新，施胶、涂布、染色等造纸工艺的出现和改进，使纸张的质量不断提高，用途更加广泛。"晓雪""春冰"是当时古人对洁白轻扬纸张的赞美，是造纸术不断进步的写照。"舒卷随幽显，廉方合轨仪。莫惊反掌字，当取葛洪规"，则表现了古人对纸的珍惜。

第六章

秦砖汉瓦
——华夏建筑文明的辉煌

古砖为泥土烧制物,它通常刻有年代、图案、吉祥语等,是研究历史和雕刻的重要参考资料。秦汉时期制砖的技术和生产规模、质量和花式品种都有显著发展,世称"秦砖汉瓦"。"秦砖汉瓦"是华夏文明宝库中一颗璀璨的明珠,其精美的文字、奇特的动物形象、华丽诡异的图案,在考古、历史、古文字和美术、书法艺术,以及思想文化等方面的研究中,有着其他文物遗迹不可替代的特殊地位,极具艺术欣赏价值和文化研究价值。

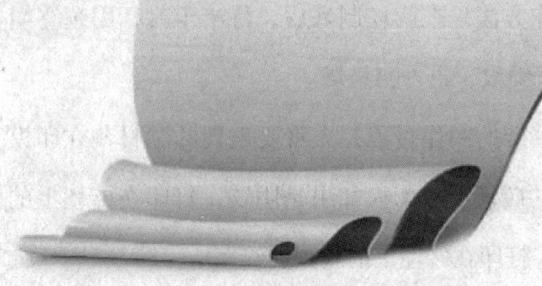

震古烁今的秦砖

2006年8月，考古队发现陕西省凤翔县豆腐村遗址是战国早期向秦故都雍城提供砖瓦类陶质建材的作坊，早期的秦方砖也首次被发现。这种砖又厚又重，不规整，而且没有足够的承重力，多数在烧制过程中出现了变形和开裂，这是秦砖的最初形态。后来，经过劳动人民的不断改进，终于烧出了旷古烁今的秦砖，被世人誉为"铅砖"。

秦始皇陵园及周围遗址出土的秦砖，陶土多取骊山泥土，因泥土本身含有多种矿物成分，经烧制后十分坚固耐用，因而才有"铅砖"的美称。

秦砖颜色青灰，质地坚硬，制作规整，浑厚朴实，形式多样。

秦砖种类如下：

1. 素面砖：用于铺地，也称铺地砖。

2. 花纹砖，砖上刻有绳纹、菱形纹、回纹、圆形纹、"S"形纹和云纹等。

绳纹是陶器的装饰纹样之一，是新石器时代至商周时期陶器最常见的纹饰。其制作方法是在陶坯制好后，待半干时，用缠有绳子的陶拍在陶坯上拍印，留下绳纹，再入窑焙烧。

其他花纹砖的制作过程是先将要表现的题材刻在印模上，然后将印模打印在未干的砖坯上。印模如果是阴纹，打印在砖坯上的就是阳纹；印模如果是阳文，打印在砖坯上的就是阴纹。

3. 空心砖：体积庞大、内部空而不实，又称空腹砖、空砖、圹砖、郭公砖、琴砖和亭长砖。最多的是长方形砖，也有门楣砖、支柱砖和三角形砖等。空心砖外印有各种纹饰，阴纹的空心砖花纹个体较大，分布松散，线条流畅，内容有卫士、虎、朱雀、飞雁等；阳文的空心砖花纹个体较小，排列紧密，内容有舞乐、骑射、田猎等。阴纹的空心砖比阳纹的空心砖出现早。

总而言之，除铺地青砖为素面砖外，大多数砖面饰有太阳纹、米格纹、小方格纹、平行线纹等。用于台阶或砌于壁面的长方形空心砖，砖面模印几何形花纹，或阴线刻划龙纹、凤纹，有的还有射猎、宴会等场面。

4. 文字砖：砖体上印有文字。

5. 画像砖：画像砖几乎都是宫殿建筑用砖，多为巨大的空心砖和条形砖，主要用作宫殿的台阶，其中以秦旧都栎阳和秦都咸阳出土的画像砖最为精美。

秦砖

据有关科研单位测定研究，秦砖抗压强度达每平方厘米4560牛顿，是一般砖的两倍。

原来，秦代以前砖的应用还未普及，砖上有花纹，具有装饰性，大都用在宫殿、墓葬等方面。

秦末汉初，砖的使用逐渐增多，其用途也由装饰作用向承重作用转变，构筑城池、建造房屋都开始大量用砖。

美妙绝伦的秦瓦当

制作和使用陶瓦是人类文明进步的标志。早在西周时的周原，周人就发明了陶瓦。秦人用瓦，是秦人东迁过程中受到周人先进文化影响的结果。自公元前677年德公居雍到公元前383年长达290多年的时间里，秦人一直以雍为中心，历经了19位国君，不断为后来的东扩做准备。

在这里，秦人创造了辉煌的建筑文化，以各种动物纹图像为内容的瓦当便是独具一格。

秦人早期的瓦当还不发达，一般为素面或绳纹半圆形，至目前主要发现于春秋时秦都雍城遗址范围内的豆腐村、义鸣堡、铁沟村、瓦窑头、高王寺、孟家堡、姚家岗和马家庄等遗址。

进入战国时期后，秦瓦当的发展进入了一个辉煌的阶段。

1. 动物纹瓦当

秦动物纹瓦当包括：夔纹、龙纹、凤纹、夔凤纹、虎纹、蟾蜍纹、獾纹、虎雁纹、斗兽纹、四兽纹、鹿纹、鹿鱼纹、马纹、鸟纹、蜻蜓纹等几十种纹饰，图案之丰富，令人惊叹。动物纹瓦当首先发现于战国秦遗址，图案分单体动物纹和复合动物纹。其发展规律是从单体动物发展为复合动物，而且，一般单体动物纹圆瓦当当面均无界格，这一类瓦当多出土于战国秦雍城遗址，时代约在战国前期和中期。瓦当当面设有区间界格的复合动物纹瓦当，其时代稍晚于单体动物纹瓦当，大多流行于战国中期。这类瓦当大多出土于秦雍城遗址，咸阳、西安一带的秦遗址也有少量发现。当面以界格线分为四区间的复合动物纹瓦当，流行于战国中晚期，在秦咸阳城、芷阳城遗址均有出土。至秦代，这种瓦当已趋衰落。

2. 太阳纹瓦当

太阳纹瓦当亦称作轮纹或辐射纹瓦当。至目前为止，这种瓦当仅发现于凤翔雍城遗址和秦都咸阳遗址。此类瓦当中心为一圆饼，以圆为中心向四周引出 31 条射线，犹如太阳的光芒。世界各地的民族，其古代文化大都同太阳有着密切联系。如古埃及人使用太阳历，玛雅人信奉太阳神等。太阳纹瓦当的出现，亦当理解为秦人对太阳崇拜的一种反映。又有人认为辐射纹图案的含义可能是象征运动着的"水"。秦人以水纹装饰瓦当应与其主"水德"有密切关系。至于称作轮纹的人则认为其与车轮相像。

3. 图案瓦当

图案瓦当是图像瓦当的发展和变体，图像瓦当可以看作是图案瓦当的初级形态。与图像瓦当相比，图案瓦当的形象性不强，它不是对生活的直接模拟，而是一种间接的、曲折的反映。初看起来，似乎离现实生活较远，但实际上我们能在现实生活中追溯到它的源头，找到它的模拟对象。所以说，图案艺术源于生活，而高于生活。只有对生活有深刻的认识和理解，才能概括、归纳出生动的图案形象来。图案瓦当的出现，是当时人们认识自然、改造自然的必然结果。

秦图案瓦当主要有葵纹瓦当和云纹瓦当两种。独具一格的秦葵纹瓦当，在秦瓦当中最具地方和时代特色。它大约出现在战国之初，到战国中期基本定型，战国晚期和秦代是其盛期，直到西汉初仍然使用。

4. 云纹瓦当

云纹瓦当的产生大约在战国中晚期，到秦代已基本成熟。是秦汉瓦当的大宗，陕西地区的秦汉遗址普遍出土这类瓦当。以云纹为主题的瓦当，

具有光亮、明快之感,这与秦汉宫殿体现的祥云缭绕、求仙升天的思想有密切关系,是当时社会人们"祈求太平""永受嘉福"意识的反映。

云纹瓦当的母体花纹——云纹,大致可分为云朵纹、羊角形云纹、反云纹和蘑菇形云纹等四种类型。它们出现的时代大体相近,约在战国中晚期。

据考古研究发现,蘑菇形云纹瓦当是秦汉云纹瓦当中最流行的一种。如在秦咸阳宫第一号宫殿建筑遗址出土的19品云纹瓦当中,其中有羊角形云纹和反云纹瓦当各2品,云朵纹瓦当3品,蘑菇形云纹瓦当12品(含简化蘑菇形云纹瓦当)。云纹瓦当的四种云纹变化,总的趋势是母体纹饰由繁到简,其中以云朵纹和蘑菇形云纹最为突出。如反云纹的云朵纹从双线发展为单线。各类云纹的纹饰尾端由繁到简,主要表现为尾端由多圈变为单圈。

秦云纹瓦当当面的当心圆中,除圆饼之外,还有四叶纹、网格线、半字纹、莲籽纹、曲尺纹、十字纹、同心圆纹等多种纹饰。

5. 植物纹瓦当

当面饰花叶纹,以秦故都雍城和西安三桥阿房宫遗址出土的莲花纹瓦当最著名。阿房宫出土的莲花纹瓦当直径16.2厘米,莲花蓬勃绽放,生机一片,筒瓦上印有"左宫"二字。左宫是"左宫水"的省文,宫水是秦时中央督烧砖瓦的一个专门机构。瓦当上印上这一文字,说明此瓦为左宫水主持烧制,以示负责。宫字类砖瓦陶文大量见于秦始皇陵和阿房宫遗址,而有印章的瓦当比较少,这是秦瓦当的一种特色。

植物纹瓦当的出现略晚于动物纹瓦当,约出现于战国中晚期,主要有花叶纹,在秦故都雍城、芷阳、咸阳等遗址均有出土。凤翔豆腐村遗址出土的莲花纹瓦当,其中心圆四周有五朵花瓣,在花瓣的空间各有一只三角形的装饰物,构图丰满华美。西安洪庆堡出土的四叶纹瓦当,其画面为四界格分区,每区有一片向外伸展的叶子,叶脉清晰。临潼芷阳遗址出土的花苞纹瓦当，双栏十字分区，每区有伸展的花朵，含苞待放，简洁明快。这与战国时期的四叶纹铜镜相似，是六国装饰图案相互影响的明证。

植物纹瓦当中要数莲花纹最为典型，其他多为变形或零星花瓣、茎叶与云纹、葵纹相组合。

秦代植物纹瓦当于1974年和1975年在陕西咸阳秦都一号宫殿遗址出土，一般直径为16.3厘米至19厘米，边轮宽1厘米左右。秦代植物纹瓦当分两种：一为莲瓣纹瓦当，圆形，中间为单一莲瓣形，与凤翔出土的叶纹瓦当相似。二为葵纹瓦当，纹饰有四种：第一种在圈带内外用反向连弧线组成辐射状葵花形，成为一个整体图案；第二种在外圆圈带周围饰有六个卷曲纹样，似葵花；第三种为变形葵纹，中央圆圈变小，内饰花蒂，外圆圈由四个尖叶形体和四个卷云纹相间组成葵花；第四种似变形葵纹，又似变形云纹。

富丽豪华的汉瓦当

西汉自文景之治后，商业走向繁荣，经济得到了极大程度复苏，建筑方面也取得了长足的发展。

西汉宫廷楼台殿阁继承周秦遗风，气势宏伟雄壮，如长乐宫、未央宫、明光宫以及上林苑，富丽豪华，规模宏大。这就为瓦当艺术在汉代大放异彩奠定了基础。

意义深远、造型精巧的瓦当显示了皇家的威严，构成了独具汉代特色

的建筑风格。

瓦当一方面是建筑实用品，同时又是一种装饰工艺品。汉代瓦当题材十分丰富，人文与自然并存，神话与现实并存，抽象与写实并存，造型优美，结构多变，体现了汉人杰出的艺术构思与美术技巧。

汉代瓦当有称当的，有称瓦的，有称甓的，也有称筒的，如"京师庾当""都司空瓦""长水屯瓦""长陵东甓""庶氏冢筒"等。

汉代瓦当是在秦代瓦当的基础上发展起来的，青出于蓝而胜于蓝。与秦代瓦当相比，汉代瓦当不仅数量多，而且种类更加丰富，制作日趋规整，图案多姿多彩。

文字瓦当的大量出现不仅完善了瓦当艺术，同时也开辟了一个全新的艺术领域，反映了汉代社会经济状况和思想意识形态。

汉代瓦当数量多，质量高，时代特征鲜明，文化内涵丰富，把中国古代瓦当艺术推向了最高峰，为我们现代美术发展提供了素材和借鉴。

汉代瓦当继承了秦代及先秦的瓦当艺术风格，形制有半圆形和圆形两种。半圆形瓦当流行于汉初，圆瓦当在汉初时与秦代瓦当风格近似，在汉武帝之后有了自己的特色。

西汉素面瓦当较少，多为纹饰瓦当和文字瓦当，纹饰瓦当又可分为图像瓦当和图案瓦当两类。图像种类极多，有麟凤、狻猊、飞鸿、双鱼、玉兔、蟾蜍等数十种，构图巧妙，独具匠心。与秦图像瓦当取材于现实生活不同，汉代瓦当图像多取材于现实而又经过了高度艺术的夸张，有超脱现实生活的珍禽异兽，想象丰富，构思奇巧，线条细腻而不烦琐，极富浪漫主义色彩。汉瓦当主要有以下几种：

1. 汉文字瓦当

瓦当可分为图像、图案、文字瓦当三类。文字瓦当出现最晚，但人们对它的兴趣却发生最早，也最执著。

如果说在唐代人们由于对陶砚的喜爱而最早注意到瓦当，那么到宋代，在《渑水燕谈录》《东观余论》中，我们就见到了对古代瓦当最早的明确记载。两书记载了秦汉羽阳宫遗址和西汉武帝益延寿宫出土的几种文字瓦，并作了考证和推论。宋代是我国传统金石学大兴的朝代，作为现代考古学的前身，它偏重于著录和考证古代之文字资料。所以宋人率先注意到文字瓦当，而对无字的图像、图案瓦当不著一字是可以理解的。这一现象一直持续到民国时期。晚清杰出金石学家罗振玉关于瓦当的集大成之作《秦汉瓦当文字》，仅从书名便知文字瓦在其中的统治地位。此书中只有极少的图像和图案瓦当。近50年来，现代考古学全面展开，但文字瓦当如日中天的地位并不曾从根本上受到动摇。

从西周最早出现重环纹瓦当起，瓦屋

汉文字瓦当

几乎一直是为统治者所享用，寻常百姓"屋上无片瓦"（北宋·梅尧臣《陶者》五绝），史不绝书。统治者巍峨宫阙的檐上，瓦当一直随时代不停地变换着各式的图像与图案，有些图像和图案可能还寄托着统治者良苦的用心。但对观者而言，要了解其意并不容易。所以，在瓦当上直接用文字表明君王之意及祈福致祥的心态最为直接，于是文字瓦当的出现成为必然。

根据瓦当文字的内容，文字瓦当可分为宫苑、官署、宅舍、祠墓、纪事、吉语和其他等七大类。从现有资料看，不同文字内容的瓦当有近400

第六章 秦砖汉瓦——华夏建筑文明的辉煌

113

种，其中吉语文字瓦种类约占半数，其不同版别的实物更占存世文字瓦的绝大多数。其他类的文字瓦分别有几种或三四十种。

各类文字瓦如宫苑、官署、宅舍、祠墓，自然施于不同的特定建筑之上，其实吉语文字瓦也未必仅意在祈福致祥，通用于各种建筑。例如通过考古发掘告诉我们，宣帝时期天子陵园的门阙主要使用"长乐未央"瓦，很少使用"长生无极"瓦。而皇后陵园则与之相反，淳化甘泉宫遗址多见"长生未央"瓦，"千秋万岁"和"长乐未央"瓦则极少。福建崇安城的"常乐万岁"瓦汉时多用于当地官署的门楼建筑。

2. 汉代图案纹瓦当

秦云纹瓦当以蘑菇形云纹最流行，秦咸阳宫一号宫殿遗址出土的瓦当以蘑菇形云纹居多，羊角形云纹次之。西汉初年至汉武帝时，仍沿袭秦代的蘑菇纹、羊角纹。汉武帝以后，西汉中晚期至东汉，绝大多数瓦当用的都是云纹。

汉代瓦当风格古拙朴质，但古拙而不呆板，朴质而不简陋，装饰意趣极为浓厚。

云纹瓦当是西汉瓦当中数量最大的一类。当面中心多为圆钮，或饰以三角形、菱形、分格形网纹、乳钉纹、叶纹、花瓣纹等。云纹占据当面中央的主要部位，花纹变化复杂多样。

在流行的圆形瓦当上，最常见的装饰纹样是卷云纹。卷云纹瓦当一般在圆当面上作四等分，各饰一卷曲云头纹样。其变化较多，有的四面对称，中间以直线相隔，形成曲线和直线的对比；有的作同向旋转形。这种图纹的瓦当富有韵律美感。

"羊角形云纹"瓦当，直径14厘米，边轮残损较多，当面中心为一圆钮，钮外施一周弦纹，外区以四道短线分为四格，以界格线为中轴饰四组对称的羊角形云纹，外区边缘还施一周绳索纹。

图案纹是对现实生活中具体形象的高度提炼和抽象，运用几何线条简略地勾勒，所表现的对象被简化，而线条本身却在不断产生新的内涵。

3. 汉代动物纹瓦当

汉代瓦当中，除云纹瓦当和文字瓦当以外，还有一定数量的动物纹图像瓦当，如四神（青龙、白虎、朱雀、玄武）瓦当，蟾蜍、玉兔纹瓦当和鱼、蛇、雁纹瓦当等。这些瓦当的图像，大都是一些带有浓厚神话色彩的动物，至目前主要发现于一些汉代陵园建筑遗址和宗庙建筑遗址之中，有人认为这可能与汉代的神仙思想和鬼神观念有关。就发现数量而言，它远不如文字瓦当和云纹瓦当多，这可能与这类瓦当的使用范围有限有一定关系。

汉代图像瓦当中，以青龙、白虎、朱雀、玄武最具特色，人们称之为四灵（即四神）。四神是古代传说中的四方神，其中青龙能呼风唤雨，象征东方、左方、春天，故为四神之首；朱雀是理想中的吉鸟，象征南方、下方、夏天；白虎象征着西方、右方、秋天；玄武是龟和蛇的组合变化图案，象征着北方、上方、冬天。四神同时也被认为是颜色的象征，即蓝（青）、红（朱）、白、黑（玄）。

关于四神瓦当出现的时间，有几种看法，有人以在茂陵地区曾出土过四神图像的砖为据，认为四神瓦当是西汉中期的产物。现在考古发现的"四神"瓦当，均出土于汉长安城南郊西汉晚期的"宗庙"遗址。咸阳市博物馆藏有汉哀帝义陵出土的这种"四神"瓦当。

豪放朴拙的宫殿建筑

秦汉建筑艺术总的风格可以用"豪放朴拙"四个字来概括。屋顶很大，已出现了屋坡的折线"反字"，即以后"举折"或"举架"的初步做法，但曲度不大；屋角还没有翘起，呈现出刚健质朴的气质。建筑装饰题材多飞仙神异，忠臣烈士，古拙而豪壮。

秦始皇统一全国后，大力改革政治、经济、文化，统一货币和度量衡，统一文字。这些措施对巩固统一的封建国家起了一定积极作用。另一方面，又集中全国人力、物力与六国技术成就，在咸阳修筑都城、宫殿、陵墓。历史上著名的阿房宫、骊山陵，至今遗址犹存。

1. 咸阳宫

位于今咸阳市东，当初秦都咸阳城的北部阶地上。公元前350年，秦孝公迁都咸阳，开始营建宫室，至秦昭王时，咸阳宫已建成。在秦始皇统一六国过程中，该宫又经扩建。据史料记载，该宫"因北陵营殿"，为秦始皇执政"听事"之所在。秦末项羽入咸阳，屠城纵火，咸阳宫夷为废墟。这是一座以多层夯土高台为基础、凭台重叠高起的楼阁建筑。其台顶中部是两层楼堂构成的主体宫室，四周有上下不同层次的较小宫室，底层建筑周围有回廊环绕。整座建筑借助夯土台，采用簇拥组合，结构紧凑，布局高下错落，主次分明，在使用和外观上均有较好效果。

2. 阿房宫

据《史记·秦始皇本纪》记载，秦始皇三十五年（公元前212年），秦始皇认为都城咸阳人太多，而先王的皇宫又小，下令在故周都城丰、镐之间渭河以南的皇家园林上林苑中，仿集天下的建筑之精英灵秀，营造一座新朝宫。这座朝宫便是后来被称为阿房宫的著名宫殿。依据当代现有考古证据，阿房宫并未建成。唐人杜牧在《阿房宫赋》中描写为"复压三百余里，隔离天日"的秦阿房宫是一处规模宏大的宫殿建筑群，也是我国历史上规模最宏大的建筑之一。根据勘探发掘确定，仅阿房宫前殿遗址夯土台基东西长1270米，南北宽426米，现存最大高度12米，夯土面积541020平方米，是迄今所知中国乃至世界古代历史上规模最宏大的夯土基址。据考古专家推算，阿房宫前殿遗址的面积规模与史书记载的"东西长500步，高达数十仞，殿内举行宴飨活动可坐万人"所描写的基本一致。

3. 未央宫

未央宫在汉高祖七年（公元前200年）开始建造，由宰相萧何亲自监造。整个未央宫有殿阁宫室40多个，萦迴28里。在萧何看来，"天子以四海为家，非壮丽无以重威"，他要用豪华的宫殿在天下人面前尽显皇帝的至高权威，还要让后代感到无法超越这个权威。但是刘邦的后代们不仅不满足于刘邦留下的那些权势象征，还要一步一步以更加华丽、更加奢侈、更加宏大的建筑超越其祖其父的奇迹。

好大喜功的汉武帝在位时也是汉代最为繁盛的时期，仅汉武帝时期就兴建了城内的北宫、桂宫、明光宫和城外的建章宫等庞大的宫殿群落。建章宫宫殿群千门万户，极尽奢侈，已到秦朝的阿房宫望尘莫及的境地了。

古代地理书《三辅黄图》记载，汉武帝建造宫室的时候，"以木兰为棼橑，文杏为梁柱，金铺玉户，华榱璧珰，雕楹玉碣，重轩镂槛，青琐丹墀，左城右平，黄金为壁带，间以和氏珍玉，风至其声玲珑然也"。这段话

的意思是说，他们用木兰来包裹屋梁和椽子，用文杏做梁柱，用金玉来装饰门户，用华丽的椽子配饰屋檐上的瓦当。雕刻华美的柱子立在玉石做成的柱础上，重檐下有层层叠叠镂刻着花纹的栏杆，有青色花纹装饰的门窗，有红漆涂饰的台阶。墙上不仅有黄金做成的装饰，还悬挂着和氏珍玉，每当有风吹过的时候，就会激起玲珑美妙的声响。

4. 长乐宫

汉长乐宫的整个宫城占地面积达到6平方千米，约占全城总面积的六分之一，四周建有围墙，是中国古代规模最大的一座皇宫，远远超过北京明清紫禁城0.724平方千米的面积。宫城内的后妃宫殿之中存在多处地下通道，主要集中于太后居住的长乐宫、皇后居住的未央宫、椒房殿、嫔妃居住的桂宫等地。

长乐宫遗址

考古专家推测这些地下通道可能与汉代频繁发生的宫廷政治斗争有关。它们或者是皇帝后妃们与外戚亲族及其他外界势力联系的秘密地道，或者就是他们在紧急情况下的逃生密道。

长乐宫的发掘还显示，西汉时期皇家宫殿的设计与文献中的记载有许多相似的地方，证实了文献记载的真实性，也显示了古代建筑的高超技艺。今天在长乐宫遗址残留的汉代宫廷台阶上，还能够清晰地看到雕刻精美的花纹图案。

长乐宫的一处宫殿建筑的发掘还发现，仅仅这一座建筑就有40多个柱础石，房屋的地砖上当年还铺有木地板。这座建筑的主室有40平方米，装修考究，浆泥抹平的地面还涂饰成朱红色。主室北面发现的踏步也有涂朱工艺，整个台阶都呈红色。这种形式与文献记载高度一致，红颜色的踏步又叫丹墀，所谓"青琐丹墀"是仅供皇帝所用的装修等级，一般的王公大臣是不能僭越的。这里发现的壁画残块也是宫殿装饰华美的证据。

人们还在长安宫殿遗址发现了保存完好的砖筑地下排水涵洞，涵洞两壁用条砖砌成，上部用子母砖券顶，涵洞高约 1.3 米，顶部还留有检修时进出人员的检修口，这些地下构造经过 2000 多年的变迁依然完好，可见当时设计之完善和工艺之精细。从这些巨型地下排水涵洞的使用，可以推断当时城市规划建设已经具有非常高的文明水准，汉代宫廷的城市化生活环境在世界上也属先进的了。

伟大创举——长城

《左传》中记载有这样一个典故：公元前 656 年，齐国举兵攻打楚国，楚国得到这个消息时，齐军已经到了陉，楚成王便派遣大将屈完前去迎敌，两军在召陵相遇。在两军开战之前，屈完在战场上看见了齐侯。齐侯仗着本国军队势力强大，想让屈完不动刀枪，直接弃械投降。

屈完便对齐侯说，如果齐军不想与楚军兵戎相见就退回齐国去，如果要想真正开战，楚国有方城作为城防，有汉水作为城池，即使不能将齐国打败，也足可自守，楚军绝不会投降。齐侯不信，拥军至楚国方城之下，亲眼见到了楚国的防御工事确实严密、坚固，才相信了屈完的话，不得已退兵回国。

　　这里所说的楚国方城，就是一座带有连绵不断的城墙、较为完整的防御工事，而不是仅有一座孤城。这种连绵不断的防御工事就是最初形态的长城。这一时期的中国正处于春秋战国时代，周王室衰微，大小诸侯各自拥有强兵，伺机夺取天下。

　　楚国修筑的坚强防御工事，被处在不断争战中的各诸侯国效仿，齐、燕、韩、赵、魏、秦几个大的诸侯国，相继在自己的领地上修筑了长城，甚至连一些较小的诸侯国也修筑了一定规模的长城。

　　楚长城现已不存在，其遗址也尚未确定，所以关于楚长城的位置，只能依据历史文献记载考证。据记载，楚长城西起今天湖北竹山县，跨汉水辗转到河南的邓县，又往北经内乡县，再向东北过鲁山与叶县，后往南达泌阳县，总长近千里。而据《水经注·汝水》中"醴水经叶县故城北，春秋昭公十五年，许迁于叶者也。楚盛周衰，控霸南土，欲争强中国，多筑列城于北方，以逼华夏，故号此城为万城，或作方城"之记载来看，楚长城是由列城发展而来的，列城也就是一系列依地势排列的防御性小城。

　　齐长城的遗迹在今天的山东境内还可以看到，有些地方还留存着城墙的遗址，是春秋战国时期长城遗址保存最多的一处。结合这些遗址与文献记载来看，齐长城大致是从山东平阴县北起，向东乘山岭经泰安西北，再经莱芜县北、章丘县南、淄川县西南、诸城县南，至胶县南的大朱山东入海。

　　燕国修筑有两道长城，即北长城和易水长城。易水长城是燕国用来防御齐、赵的。《水经注》载："易水又东，屈关门城西南，即燕之长城门也……又东，历燕之长城……又东流，屈径长城西……易水又东，梁门陂水注之，水上承易水于梁门，东入长城……"易水长城大致从河北易县西南，向东南穿过定兴、徐水、文安、任邱，到达文安县东南，长约250千米。

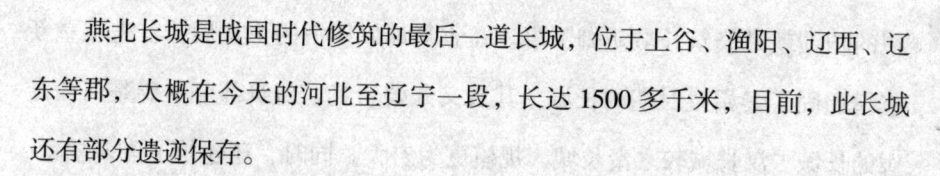

燕北长城是战国时代修筑的最后一道长城，位于上谷、渔阳、辽西、辽东等郡，大概在今天的河北至辽宁一段，长达1500多千米，目前，此长城还有部分遗迹保存。

这些春秋战国时代的长城，都是当时的诸侯国各自分别修筑的，互相不连接，最长者不过1500多千米。秦始皇统一中原以后，将各诸侯国所筑长城相互连接起来，并增建了部分区段，至此才形成万里长城。秦始皇修筑万里长城，就像他实行的"书同文""车同轨""行同伦"及统一度量衡等措施一样，是为了更好地巩固中央集权制，维护国家的安定，使其统治更加牢固、长久。

秦始皇虽然统一了中原，但北方的匈奴和东胡等少数民族，却常南下中原掠夺财物，对中原的生产、生活造成了威胁，所以，秦始皇在对匈奴等地发动战争的同时，又修筑长城等防御工事，抵挡外族侵扰，这与当时使用战马、长枪、短刀的冷兵器时代相得益彰，相辅相成。事实证明：防御工事具有非常实际的作用，收到了很好的效果。

汉初中原未定，匈奴单于势力渐大，开始侵犯中原。《史记·匈奴列传》记载，单于冒顿甚至"引兵南逾句注，攻太原，至晋阳下"，入侵到了汉朝内部地区，汉高祖刘邦亲率兵士抗击。但汉朝刚刚建立，内部也有较多矛盾，不能拿出更多兵力远逐匈奴，所以曾一度采取了和亲的办法。即便如此，匈奴仍多次侵扰中原，掠夺财物。

汉武帝是一位具有雄才大略的君主，经过他对国家的有效治理，他在位期间，政权较稳定，经济也跃上一个新台阶，因此有能力对匈奴予以大力还击。与此同时，也涌现出一大批优秀的官员，如李广、卫青、霍去病等，在抗击匈奴的过程中都取得了令人拍案称奇的战绩，成为一代抗击匈奴的名将。

汉武帝在历史上的成绩功不可没，除了派兵将征战外，另一个不可忽

视的功绩就是修筑长城防御工事。在收复匈奴侵占的土地后，首先就重新修缮加固了秦始皇时期的长城，其后又开始新筑，新筑部分主要是河西走廊的长城。汉长城较之秦长城，规模更为宏大，同时，还建筑了许多亭障、列城，把长城内外的广大地区有机地结合成一个防御工程体系，坚不可摧。

汉武帝之后的汉昭帝、汉宣帝继续修筑长城，最终使汉长城的长度达到了两万里。

汉代之后直到元代，各朝都没有再大规模修筑长城。而明朝则是秦、汉之外，唯一大规模修筑长城的封建王朝。明朝灭了元朝，元朝统治者蒙古贵族逃回了边疆旧地，但这些不甘心失败的贵族仍不时地南下骚扰。加上东北女真族的兴起，使得明统治者十分重视北方的防御。因此，明朝开始对全国各地的城墙进行修缮加固，全部用砖包砌，长城的修筑工程更为浩大，并在边区、沿海和内地很多地方，加建城防、关隘。对居庸关、山海关、雁门关等重要关隘，还修建了好几重城墙，有的多达二十几重。

明朝对长城的修筑，几乎持续了整个朝代。明长城东起鸭绿江，西达嘉峪关，全长7300多千米。由于鸭绿江到山海关区段毁坏严重，而山海关至嘉峪关这一大段保存较好，所以我们现在所说的万里长城，主要是指山海关至嘉峪关一段。虽然明长城的长度逊色于汉代，但在历史上对后世产生的影响，比起汉代有过之而无不及。明长城是在汉代的基础上修建的，这原本就是一大进步，定会超过前代的工程，而且留存至今的长城几乎都是明朝所修建，因此明长城在历史上扮演着重要的角色。

长城由城墙、敌台、烽火台等部分组成，另外还有与之相关的城障、关塞、隘口等设施。这其中最基本的建筑工程当然就是城墙。

虽然各朝各代修筑的长城城墙都是以坚固为第一原则，但在建筑方法、建筑形式，乃至建筑结构上，却不是完全相同，而是各具特点的。如，用版筑的夯土墙、在山脊上砌的石墙、用石块垒砌的石垛墙、利用险山峻岭随势人工劈凿的劈山墙、利用险山作障壁的山险墙、用柞木编制的木栅墙、用木板做的木板墙。此外，在嘉峪关还有利用山崖设木栅的崖栅墙，玉门关的汉代长城城墙，则是用红柳枝与芦苇交叠，再层层铺设砂石而成。

不但不同朝代修筑的城墙有不同的特点，而且同一朝代的城墙也会因具体情况的不同而有所差别。比如说，明代修筑的居庸关、八达岭长城，城墙平均高 7—8 米，但山岗陡峭的地方，城墙不过 3—5 米，而地势平缓的地方，城墙却高出 8 米。

雄伟壮观的万里长城，是古代重要的军事防御设施，而对于现代人来说，它已经成为中国的象征。

知识链接

孟姜女哭长城的故事

民间流传孟姜女哭长城的故事，是我国古代著名的民间传说，它以戏剧、歌谣、诗文、说唱等形式，广泛流传，可谓家喻户晓。相传秦始皇时，劳役繁重，青年男女范喜良、孟姜女新婚三天，新郎就被迫出发修筑长城，不久因饥寒劳累而死，尸骨被埋在长城墙下。孟姜女身背寒衣，历尽艰辛，万里寻夫来到长城边，得到的却是丈夫的噩耗。她痛哭于城下，三日三夜不止，城墙为之崩裂，露出范喜良尸骸，孟姜女于绝望之中投海而死。

秦汉陵墓建筑文明

陵墓建筑是中国古代建筑的重要组成部分，中国古人基于人死而灵魂不灭的观念，普遍重视丧葬，因此无论任何阶层对陵墓皆精心构筑。在漫长的历史进程中，中国陵墓建筑得到了长足的发展，产生了举世罕见的、庞大的古代帝、后墓群；且在历史演变过程中，陵墓建筑逐步与绘画、书法、雕刻等诸艺术门派融为一体，成为反映多种艺术成就的综合体。

1. 秦始皇陵

秦始皇陵在陕西临潼骊山北麓，总面积约8平方公里，周围有两道陵墙环绕。陵台由三级方截椎体组成，最下一级为350米×345米，三级总高为46米，是中国古代最大的一座人工坟丘，由于风雨侵蚀，轮廓已不是很明显。

20世纪70年代在岭东1.5公里处发现的秦兵马俑和铜马车，史书上对此并无记载。兵马俑估计有陶俑、陶马七八千件，至今完成了局部开发。陶俑队伍由将军、士兵、战马、战车组成38路纵队，面向东方。兵马的尺度与真人真马相等，兵俑所持青铜武器完好而锋利，可以想象，这一支守皇陵的卫队将是一支十分庞大的队伍。

陶俑替代真人殉葬，不能不说是一种进步。

秦始皇陵是中国历史上第一个皇帝陵园。其巨大的规模、丰富的陪葬物居历代帝王陵之首，是最大的皇帝陵。陵园按照秦始皇死后照样享受荣华富贵的原则，仿照秦国都城咸阳的布局建造，大体呈"回"字形，陵墓周围筑有内外两重城垣，陵园内城垣周长3870米，外城垣周长6210米，陵区内目前探明的大型地面建筑为寝殿、便殿、园寺吏舍等遗址。为了防止河流冲刷陵墓，秦始皇还下令将南北向的水流改成东西向。

秦陵工程的设计者不仅在墓地的选择方面表现了远见卓识，而且对陵园总体布局的设计也是颇具匠心。整个陵园由南北两个狭长的长方形城垣构成。内城中部发现一道东西向夹墙，正好将内城分为南北两部分。高大的封冢坐落在内城的南半部，它是整个陵园的核心。陵园的地面建筑集中在封土北侧，陵园的陪葬坑都分布在封冢的东西两侧。形成了以地宫和封冢为中心，布局合理、形制规范的帝王陵园。

秦始皇陵园的总体布局与其他国君陵园相比有以下显著特点：

（1）在布局上体现了一家独尊的特点。过去发现的魏国国君陵园，其中并列着三座大墓，中山国王陵园内也排列着五座大墓，秦始皇陵园内只有一座高大的坟墓，充分显示了一家独尊的特点。其他国君陵园的布局则显示了以国君、王后、夫人多中心的特点。这一区别正是秦国尊君卑臣的传统思想在陵寝布局上的反映。

（2）封冢位置也有别于其他国君陵园。其他国君陵园大多是将封冢安置在"回"字形陵园的中部，而秦始皇陵封冢位于内城南半部。从陵园总体布局来看，始皇陵封冢并不在西半部。封冢围起于陵园南半部正是封冢"树草木以象山"的设计思想决定的。

据北魏时期的郦道元解释："秦始皇大兴厚葬，营建冢圹于骊戎之山，一名蓝田，其阴多金，其阳多美玉，始皇贪其美名，因而葬焉。"郦道元的观点受到学术界多数学者的肯定。不过也有学者提出过异议，持否定意见的一方认为，秦始皇陵选在骊山，一是取决于当时的礼制，二是受"依山造陵"传统观念的影响。秦代"依山环水"的造陵观念对后代建陵产生了深远

的影响。西汉帝陵如高祖长陵、文帝霸陵、景帝阳陵、武帝茂陵等就是仿效秦始皇陵"依山环水"的风水思想选择的。以后历代陵墓基本继承了这个建陵思想。

秦始皇陵是中国历史上第一座帝王陵园,是我国劳动人民勤奋和聪明才智的结晶,是一座历史文化宝库,在所有封建帝王陵墓中以规模宏大、埋藏丰富而著称于世。

2. 汉陵墓

西汉继承秦朝制度,建造大规模的陵墓,往往一陵役使数万人,工作数年。这些陵墓大部分位于长安西北咸阳至兴平一带。坟的形状承袭秦制,累土为方锥形而截去其上部,称为"方上"。最大的方上约高20余米。据记载,陵上有高墙、象生及殿屋,现在某些方上顶部还残留少数柱础,方上的斜面也堆积很多瓦片,可证实其上确有建筑。陵内置寝殿与苑囿,周以城垣,设官署和守卫的兵营。陵旁往往有贵族陪葬的墓,并迁移各处的富豪居于附近,号称"陵邑"。实际上是为了解决当时统治阶级的内部矛盾,将富豪、大地主集中于首都附近,便于控制。后来东汉帝后多葬于洛阳邙山上,废止陵邑,方上的体量也远不及西汉诸陵的宏巨。

汉朝贵族官僚们的坟墓也多采用方锥平顶的形式。坟前置石造享堂;其前立碑;再前,于神道两侧,排列石羊、石虎和附翼的石狮。最外,仿木建筑形式,建石阙两座,其台基和阙身都浮雕柱、枋、斗棋与各种人物花纹,上部覆以屋顶。其中以四川雅安高颐阙的形制和雕刻最为精美,是汉代墓阙的典型作品。此外,东汉墓前还有建石制墓表的。下部的石础上浮雕二虎,其上立柱。柱的平面将正方形的四角雕成弧形,但不是正圆形,柱身上刻凹槽纹。上端以二虎承托矩形平板,镌刻死者的官职和姓氏,但也有在柱身上表面刻束竹纹的。这种墓表到南北朝时代,仍为南朝陵墓所使用。

秦始皇陵

　　西汉初期仍广泛使用木椁墓，据文献所载帝后陵的墓室，用坚实的柏木做主要构材；防水措施依旧以沙层与木炭为主。到西汉末年改进为半圆形筒拱结构的砖墓。东汉初年砖筒拱又发展为砖穹窿，至此，墓的布局不但数室相连，面积扩大，并可随需要构成各种不同的平面，墓内还可绘制壁画，或用各种花纹的贴面砖，也有的在砖上涂黑白二色以组成几何图案，反映了这时砖结构有了很大的进展。

知识链接

东汉都城洛阳

　　洛阳号称"九朝古都"。早在夏代，这里就是"禹都阳城"。但当时尚无文字记载。后来这里又是商代的"汤都西"。西周的"洛邑"，东周的王城，相传是按《周礼·考工记》营建都城的规范建城的。

　　东汉光武帝元年（25年）入洛阳，定为都城，起高庙、建社稷，立郊兆于城南，建南宫、明堂、灵台、辟雍等，成为一座很像样的都城。据西晋皇甫谧的《帝王世纪》中说："城东西六里十一步，南北九里一百步。"城

南挖城河，共设12座城门，壮观非凡。城内有大街24条，街旁植行道树，开挖水沟。城内南北二宫，富丽堂皇，颇具大国风度。

建筑文明的装饰：画像砖

汉画像砖是一种表面有图像的墓葬特殊建筑材料。汉画像砖集雕刻与绘画为一体，是为我国丧葬礼俗服务的独特的艺术形式；一般用来构筑墓门或嵌于墓室作装饰；题材广泛、内容丰富，能够反映汉代生活的方方面面。汉画像砖就像汉代社会的一幅幅生动的风俗画，是研究汉代政治、历史、经济和文化艺术最为可靠的图片资料。再加上图像精美，还附有各种颜色，装饰效果极佳。画像砖与画像石相比较：画像石，属于鸿篇巨制的多情节内容的大构图，画像砖则近似于后世的册页、斗方形式的小构图，大多显得小而精悍，具有很高的艺术鉴赏价值。加上汉画像砖体积小、重量轻，原作和拓片一样便于收藏。还有，因为其独特的制作方法，许多作品往往都不是孤砖单版，在收藏和鉴赏方面比画像石更为方便。

我国自古以来就有厚葬之风，至汉代尤甚。在儒家思想中，孝占有重要地位。汉代人崇尚孝道，汉朝推行以孝治天下，把"孝"作为维系家庭关系的基础。汉代人的"孝"主要表现在两个方面：一是对老人日常饮食生活的照料；二是对厚葬的重视。汉代提倡厚葬的原因还在于，汉代人具有灵魂不灭的观念，以为"人死辄为神鬼而有知"，认为活人需要的，死人也需要。许多汉画像墓都是仿阳宅建筑，有前大门、中大门、前室、主室等，有些还有车库。汉代人还认为，厚葬与子孙后代昌盛有关。上至皇亲贵戚，下至一般地主，无不崇尚厚葬。如汉武帝即位后的第二年便开始为自己修建陵墓，历时50余年，陵园规模宏大，极其豪奢。有了厚葬风气，便会产生大型的墓室。有了很多大型墓室，自然会需要很多建材用砖。为了追求墓室建筑的精美环境和艺术气氛，墓室之中的建材就有可能被改进和美化。其中对墓室用砖的美化装饰，则导致大量画像砖的出现。据目前考古的数据可知，我们已发现十万块左右的画像砖。

画像砖按用途与类型可以进行以下分类：

1. 从用途上划分

（1）建筑用砖

汉代以前和西汉初期的画像砖多属于此类。清代建筑上大量出现有花纹或图像的砖雕。

（2）墓室用砖

墓室画像砖是西汉中后期、东汉时期和魏晋南北朝时期的画像砖。目前我们常常谈及的画像砖多为墓室画像砖，可能是因为在岁月风雨与战争水火中坍塌殆尽的原因吧，地面上的古代建筑保存至今很难，而古代墓室建筑用砖则多有幸保存下来。清代用在建筑上的画像砖一直被称为"砖雕"。

2. 从画像砖砖型的种类划分

从画像砖的砖型可以划分为以下几种：

（1）空心画像砖；

（2）长条形空心画像砖；

（3）长条形实心画像砖；

（4）方形空心画像砖；

（5）中型实心画像砖；

（6）实心画像砖。

秦代至西汉初期，画像砖是一种建筑装饰构件，多用于装饰宫殿、衙舍的阶基。秦代的画像砖有模印和刻画两种制成方法，形状可分为大型空心砖和实心扁方砖两类。如现存在陕西博物馆的《侍卫·宴亨·涉猎纹》画像空心砖，是现存的秦代空心砖的代表作品。

汉朝是中国封建制度确立后第一个大发展、大繁荣的朝代，疆域广阔、人口众多、经济发达、厚葬成风，为后人留下了丰富的文化遗产。仅目前发现的汉墓就有数万座，其中出土了大量的随葬器物，品类繁多，涉及内容广泛，可谓汉代社会的"百科全书"。

其中流行于汉代的画像砖墓是一种地域性较强的墓葬，主要分布在河南省和四川省。这些墓葬因用了大量画像砖而得名，是叹为观止的汉代文化宝藏之一。汉代砖墓包括空心砖墓，空心砖、小砖混合结构墓，小砖墓等。

现已出土的画像砖有：

陕西画像砖：汉武帝前后时期——时间最早。

河南洛阳画像砖：西汉中期——新莽时期。

河南郑州画像砖：西汉晚期——东汉早期。

河南南阳画像砖：西汉中晚期——东汉晚期——时间跨度最大。

四川画像砖：东汉早期——东汉晚期。

河南许昌画像砖：东汉晚期——魏晋。

画像砖上的民生万象

根据画像体裁，画像砖分以下几种：

1. 舞乐百戏类画像砖

中国古代乐舞杂技表演的总称，谓之百戏。我国的舞乐百戏艺术有着悠久的历史传统和广泛的地域性。西周的先王之乐，春秋战国时期的郑卫之音，均曾独领风骚。秦汉时期，统一的封建王朝国力强盛，国内各民族之间以及我国与外域之间交往密切。由于中央王朝对于乐舞艺术的重视，文学艺术的一个分支乐舞百戏，在秦汉时期发展到一个新的水平。汉代盛行的"百戏"，其内容包括音乐演奏、舞蹈、演唱、杂技、武术、滑稽表演等。这方面的内容，在已经出土的画像砖中，同样得到充分的反映。河南郑州出土的一块西汉晚期至东汉前期的空心画像砖，画面由多幅图像组成。

下面介绍几个有名的舞乐百戏类代表的画像砖：

《骑吹》（46厘米×39厘米）

此画像砖表现的是两排（一排三人）像仪仗队一样的马上乐队的形象，分成两排的六匹马步调整齐，给人以整齐划一的感觉。此队列在画上分成两纵排，自左向右"正步"向前。每一排的三个人形象相互重叠，在视觉上给人以很强的团队感，在两排之间还设有相互联系的"链条"：后排上部的两匹马各一前蹄与前排下部两匹马的尾部在细节上穿插在一起，把前后两排联系在一起，增强了骑吹队列的"团队"面貌——在视觉上产生前排后

排联系在一起等距离行进的感觉。聪明的作者显然也感受到了这一点，于是在后排上边坐骑的马背上安了一个带着伞状羽葆的华盖，两个带状的飘带把后排上方阵牢牢罩着，使其与前排因此而有了一些区别。再加上前排上面的马骑

四川成都汉画像砖《骑吹》

上有一带着飘带的汉节，其飘带与羽葆华盖的顶端几乎重合在一起。这样就造成两排一分一合的形象处理关系，使得比较单调的画面变得更生动有趣一些。

总体来看，此幅画像砖不刻意突出单个形象，着意塑造了团队骑吏步调一致、整齐划一的感觉，把乐队的团体精神表现得十分到位，虽然画面只有两个小团块的人物形象组合，但是却把整个骑吹仪仗的感觉和声势都表现出来了。

2. 车骑出行类画像砖

《辎车卫从》（42厘米×25厘米）

画面上的辎车为一马一驾。整个车和马形成一个大的楔形。大家知道：楔形的向前冲击力是很强的，这就造成整个马车在

四川德阳汉画像砖《辎车卫从》

画面上有一种前进之感。驾车的马的外轮廓线多处被夸张成饱满而有力度的弧线，加强了马的力量感，使人见到它那矫健的身姿就会自然联想到日行千里、夜行八百的千里马。驾车人和乘车人动作自然、生动。跟在车后的卫从身体的轮廓也呈隐楔形，自然让人觉得他正快速随着马车一同前行。此画面把汉代官吏和随从一起急速赶路的情景表现得极为生动。

《棚车》（22厘米×6厘米）

四川德阳汉画像砖《棚车》

画面的右面为一驾带棚的车子，棚前坐一驾车之人正扭头后望，似乎在和棚中之人说话，车后一人骑马跟随。整个画面形象被概括得十分完整，从拓本上看，所有形象似乎都浓缩成了旅途劳顿的倦影——把人们长途跋涉中车马的疲乏之感很好地表现了出来。此画面的创作手法与德阳的其他画像砖有所不同，显得十分新异。

《平索戏车与过桥》（118厘米×35厘米）

河南新野汉画像砖《平索戏车与过桥》

画面共分两个部分，左边是平索戏车，右边是过桥。戏车者共有七人，两驾马车，前车一马独驾，后车却是二马共驾。前车上面负载着一强悍的御手和两个相对粗壮的表演艺伎，特别是檀杆上端的艺伎体形显得格外丰腴。不仅如此，"动力不足"、负载沉重的前车已到达倾斜度很大的桥头，马儿埋首曲颈、步履艰难。后车则相反，一是二马共驾，二是相对于前车负载较轻，所以二马八蹄腾空、奋力狂奔。这样，就出现了一个矛盾——二车速度一急一缓，这种矛盾给在运动中表演的艺伎们增加了难度。前车檀杆因车正驶在倾斜的桥面而变得向后倾斜，却还要承载檀杆的中部艺伎。檀杆顶端置一短横木，横木上蹲立一艺伎，右手拉索，左手向外伸出，抓住前面正竭力想要向前跳跃的艺伎的脚，以保持身体的平稳。后车的檀杆上一艺伎如猴子上树般灵巧地向上攀援，同时一手拉索。平索上的艺伎以脚勾索，身体倒悬，二臂微曲，仿佛在随身体优雅地摆动——惊险之至。

桥上也有一前一后两个辎车，前面的车一车一驾，正冲下桥去，后面的一车两驾，刚刚登上桥的顶端，两车之间导骑荷戟仰头，得意扬扬。桥的右端，两个人弓身相迎。桥下有一叶小舟，舟上有两人，似乎在撒网捕鱼。船的两边分别有一鱼一鳖。

在画面上面更远的空间内，中部有一人在奔跑驱兽；右部有两人在练剑。这样，一个画面容纳了许多内容，把汉代举行大型杂技的现场和背景表现得惟妙惟肖，是研究汉代社会不可多得的直观资料，因此有相当高的收藏价值。

3.农业生产类画像砖

农业的发明是人类征服自然、改造自然的一个重要里程碑。在我国悠久的农业生产发展史中，汉代是一个重要的发展阶段。已经发现的画像砖中，涉及农业生产的题材十分广泛，几乎包括了农事活动的全过程。这些画像砖大多为东汉时期的作品，为我们研究并了解汉代农业生产的全貌，提供了宝贵的第一手资料。农业生产题材的画像砖主要分布在四川地区，并突出反映了南方水田农作物的实际情况以及制盐、酿酒、织锦等生产活动。

《播种》（38厘米×24厘米）

《播种》画像砖，上右一人和下右三人动作姿态相似、距离相近，形成一个三角频闪的群体，给人一种极强的节奏感。此群体所暗示出的三角形具有一种很强的前

四川德阳汉画像砖《播种》

进感，很好地暗示出整个播种队伍向前行进的感觉。此画中劳动者的形象统一，个性减弱而共性增强，团队的节奏感和整体的劳动号子被暗示出来。背景的三棵树的形状也基本相似，距离也差别不大，这样就又形成树的群体，给人一种柔和的节奏感。同时与上一个群体形成视觉和弦，互为应合，刚柔相济，成功的表现了立体、浑厚的号子声和优美的劳动场景。

4. 封建官吏生活

秦汉时期，封建地主经济获得高度发展，土地兼并加剧，地主官吏及豪强商人的生活日益奢侈腐化。特别是东汉时期，宦官、外戚相继专权，地主豪强纷纷扩张势力。他们大置第宅，声色犬马，宴饮博弈，一味追求享受。四川东汉墓中出土的一批画像砖，真实再现了地主官吏的生活。这些画像砖除了炫耀墓主人生前的地位和享受之外，同时还寄托着他们对权欲的生死不渝的追求。

成都市郊出土的《庭院》画像砖再现了汉代地主官僚的住宅情况。这

是一座方形的宅院，四周有墙垣围绕。内分左右两院，中以长廊相隔。左院共分三进，头进为大门，门内有两鸡相斗。二进为中庭，庭内有双鹤起舞。三进为正厅，登阶而上，是一宏敞房屋：主宾二人正在屋内饮酒。右院为二进，前院为厨房，内有水井和灶台。中间木架上，挂有各种食物。后面院落矗立一座高楼，底层的楼梯清晰可见。楼侧系有一猛犬，旁有一人正在清扫院落。画面展现了一个较为完整的地主庭院。坚实的围墙、高高的望楼，气宇轩昂的正厅，体现了庭院主人的身份和地位，为我们再现了汉代上层人物庭院建筑的风貌。而宾主对饮之乐，斗鸡舞鹤之趣，正是当时汉代地主官吏流行的风习。

5. 神话及历史故事

神话是古代人民对世界起源、自然现象及社会生活的原始理解所产生的故事和传说。这些故事和传说往往表现了古代人民与大自然的斗争和对理想的追求。中国的神话极为丰富，许多均以文字的形式保存在古代的著作中，而在已经出土的画像砖中，却有不少以图像形式反映神话内容的作品。

《龙车星辰》（44厘米×25厘米）

画面上有三条身躯苍劲有力的巨龙，拉着乘坐两人的龙车，车上两人似乎都为女性，姿态窈窕。车轮为一螺旋形状，暗示出龙车超凡的速度。在车下和车后的空间里，零星点缀着几颗闪烁的星辰，把龙车行驶的背景

四川新都汉画像砖《龙车星辰》

很好地烘托出来。此砖采用浪漫主义的表现手法，把理想中的神仙世界塑造得如实景一样生动，不失为一幅好作品。

河南新野汉画像砖《二桃杀三士》

《二桃杀三士》（尺寸不详）

《二桃杀三士》是新野画像砖中表现著名历史故事的作品。画面描述的是发生在公元前547年的真实事件：齐景公有三个宠臣，即公孙接、田开疆、古冶子，他们都是当时极富盛名的武士。三人都勇气过人，但却傲慢无礼，就连宰相晏婴也不放在眼里。晏婴怕他们功大欺主，决定除掉他们。齐景公虽然同意晏婴的看法，但是担心三武士武艺高强要除他们相当困难。于是晏婴献一条妙计。晏婴给三武士送去两个鲜美的水蜜桃，并吩咐他们"计功而食桃"。三人受功名诱惑，私欲膨胀，忘记了兄弟情深，一场争斗在所难免。公孙接认为自己功大，伸手先取一桃；田开疆也认为自己功劳颇大，接着抢到第二个桃；古冶子本以为自己功劳最大，见桃被分完，顿时怒火中烧，拔出宝剑，一跃而起，怒斥公孙接和田开疆，二人顿觉羞愧，放下桃子拔剑自刎。面对两兄弟血淋淋的尸体，古冶子后悔自己出言太重，害了兄弟，于是也自杀身亡。晏婴就这样轻易地除掉了三位勇士——实在令人感叹不已。

扩展阅读　萧何与未央宫

萧何，西汉初年政治家，徐州小沛（今江苏沛县）人。早年任秦沛县狱吏。秦末辅助刘邦起义。攻克咸阳后，别人忙着抢夺金银财宝，他却赶紧去接收秦丞相、御史府所藏的律令、图书等，从而掌握了全国的山川险要、郡县户口等资料，对日后为刘邦制定政策和取得楚汉战争胜利起了重要作用。刘邦为汉王，以萧何为丞相，萧何推荐韩信为大将军。楚汉战争时，他留守关中，侍太子，制定法令，使关中成为汉军的巩固后方，并不断输送士卒粮饷支援作战，刘邦战胜项羽建立汉王朝，萧何功不可没。战争结束后，刘邦论功行赏时，把萧何列为第一功臣，封他为侯。萧何采撷秦法，重新制定律令制度，作《九章律》，又协助刘邦消灭韩信、英布等异姓诸侯王，被拜为相国。刘邦（高祖）死后，他辅佐惠帝，惠帝二年卒。

上面这段介绍，简明扼要地叙说了他生平主要事迹，但没有提到他在建设首都长安城和其宫殿中的作用，其实此项工程是他的重要业绩之一，对汉建筑文化起了奠基作用。

"汉初三杰"——萧何、张良、韩信，辅助刘邦打败了项羽，赢得了政权后，张良"急流勇退"，退出了政治舞台；韩信封侯不久，就被刘邦借吕后之手剪除；唯独萧何在丞相高位上善始善终。其间，刘邦曾多次猜疑过他。甚至有一次因为萧何请刘邦让农民进上林苑空地耕种，触犯了刘邦，"乃下何廷尉，械系之"。即使如此，每次萧何都巧妙地消除了刘邦的猜疑，继续得到重用。据《汉书》记载,他在留守汉中期内,"立宗庙、社稷、宫室……"刘邦允许他先行后奏,说明对其非常信任,而萧何也利用这点"小自由"来实现自己的建国方略,包括新首都长安的建设。

萧何重视收集秦政府的档案文件,说明他心目中的理想政权,显然是以秦为模式的。还可以设想,在萧何收集的"律令图书"中,也包括了秦六国宫室和建造皇宫的资料。

初始,刘邦的根据地是秦都咸阳附近的栎阳。为长治久安,根据张良的建议,刘邦决定建都关中地区,他选择了位于周丰镐和秦咸阳之间、渭水南岸的龙首作为未来首都的位置。

由于战争仍在进行,长安的建设是先宫殿后城市。在萧何的主持下,汉五年(公元前202年),先改建秦燕乐宫为长乐宫,汉七年加以修饰利用。据《三辅黄图》称:"长乐宫有鸿台,有临华殿(又说是武帝建),有温室殿。有长定、长秋、永寿、永宁四殿,高帝居此宫,后太后常居之。"其中"鸿台,秦始皇二十七年筑,高四十丈(92米),上起观宇,帝尝射飞鸿于其上……"

汉七年(这个年代值得怀疑),萧何乘刘邦外出之际,在长乐宫的西南又建造了未央宫。《西京杂记》称:"未央宫周围二十二里九十步五尺(约8800米),街道周围七十里。台殿四十三,其三十二在外,十一在后,宫池十三,山六,池一,山一亦在后,宫门阙凡九十五。"其中最宏伟的是前殿,它"利用龙首山的丘陵为殿基……台基南北长350米,东西165米……由南向北分为三层台基……中间台基上的主体建筑……是前殿的中心建筑物……东西130米,南北70米……"加上殿前的北阙和东阙(阙是汉朝流行门侧的高耸建筑物),可以想象其宏伟壮观的景象。

《汉书》中有段传世的佳话:"高祖七年,萧何造未央宫,立东阙、北阙、前殿、武库、大仓。上见其壮丽,甚怒,曰:天下匈匈,劳苦数岁,成

败未可知，是何治宫室过度也。何对曰：以天下未定，故可因以就宫室，且天子以四海为家，非令壮丽无以重威，且令后世有以加也。上悦，自栎阳徙居焉。"

从对话可知，萧何是长乐宫和未央宫的总策划（建筑）师，他在皇帝不知情（或装作不知情）的情况下"先斩后奏"修造这些宫殿，任何他人都不可能有此胆量。当时各种规范均未制定，宫殿的规模、尺度、装饰标准等都没有成规可循，也只有萧何才能从秦朝的档案中掌握既要"壮丽"又对后世起约束作用的建筑标准。

第七章

精雕细琢
——规模化的秦汉雕塑文明

秦汉时期的雕塑以其恢宏的气势将中国雕塑推向了高峰。这一时期的艺术成就主要表现在大型纪念性石雕的出现和标志性明器雕塑的产生,以及工艺性雕塑也达到了较高的水平。秦汉雕塑的巨大气魄和强健精神,为中国雕塑的历史留下了辉煌的一页。

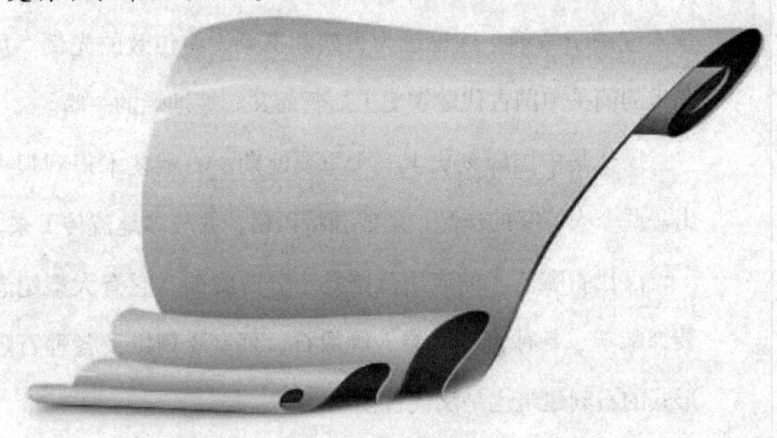

秦汉石雕文明

秦汉时期的统治者除了修建大型宫殿外，还大肆修筑陵墓，并在陵寝前摆放石麒麟、石辟邪、石象、石马等，用作祭祀。这些石雕，造型生动、刀法洗练、气势浑雄、富于动态感。

秦代与汉代是我国古代石雕艺术史上成绩卓著的时期，在艺术风格上，对后世雕塑产生了深远的影响。

秦代最为著名的石雕，据《三辅黄图》的记载，有新刻于咸阳横桥的古力士孟贲石像；秦始皇骊山陵曾刻了一对高一丈三尺的石麒麟。遗憾的是，这些遗迹早已荡然无存。不过我们从上述的迹象仍可看出秦代石刻艺术对后世的深远影响。首先，大型的人体石雕创作是发轫于秦文化，并用作建筑和陵园的艺术装饰。后来这种人体和兽形的巨型石雕，还发展成了后世王公贵族陵墓建筑的定制。另外，建始皇陵还"发北山石椁"，将石雕技术应用于凿刻，这也成为贵族和富豪纷纷仿效的先例。可见，秦代石雕艺术的确是中国古代雕塑史上短暂而又辉煌灿烂的一瞬。

汉代是中国雕刻史上一个重要时期。石雕艺术得到很大的发展，创作出一些令人惊叹的作品，形成独特风格，并较多地流传下来。

汉代石雕艺术的应用范围是十分广阔的，它有大型纪念雕像，有园林装饰雕塑、各种丧葬明器、画像石、墓室雕刻以及各种石雕工艺品。各种形式的石刻建筑也是汉代首创。

汉代石雕的新创造，首先见于汉武帝元狩三年（公元前120年）。当时，武帝大肆兴修皇家园林——上林苑，并于苑中昆明池东西两岸，按左牵牛右织女的形式，设置石刻人像。现在这对石人像仍然留存。

汉代的石雕作品，给人以各种生活的气息。政治上的独尊儒术，并不能持久地维护帝制的法统，封建社会通过内部的自我破坏、调节，又为东汉的繁荣带来了新的活力。在偏安一隅的四川地区，石雕创作特别发达，这与当时盛行厚葬有关。厚葬的根源是来自于汉代崇奉孝道的大行，古者"事死如生"，所谓养生葬死，生极其欲，无形中汉墓就成了古代社会的一个缩影。一方面，贵族富豪以死后仍能占有他们的下人为自豪，另一方面艺术家在秉承权贵意志的同时，也乐于塑造自我并融入美的感受。

汉代雕刻所反映的社会生活的全面性，是任何时代的艺术作品都难以比拟的。所以汉代雕刻家往往是采用象征写意的手法，来刻画这种可供观者发挥想象力的场景。就其艺术高超的表现力而言，它们与古印度著名的同类石雕皆有异曲同工之妙。

目前尚存的最古老的石雕建筑，要首推山东肥城孝堂山石祠。它为仿木建筑形式，呈单檐悬山顶面阔两间的结构。石祠的内壁刻满了石雕画像，实为著名的古代石刻艺术博物馆，它对于研究中国早期的古典绘画和雕刻艺术，都具有十分重要的价值。

总之，两汉许多石雕艺术杰作的涌现，都充分地证明了汉代是中国古典文化艺术发展的又一高峰。艺术的繁荣，与当时的经济、政治、伦理、宗教哲学观、原始信仰、礼俗都有着密切的联系。统治阶级的穷奢极欲，最终促成了石雕艺术的发达，并奠定了其基本形式向更完美的境界发展的必要基础。可以说，后世石雕艺术的发展，完全取决于它在建筑艺术中的应用广泛程度。从汉代的石雕艺术，我们不仅看到了当时高级的和一般的建筑形象，而且看到了石雕艺术发展的光辉前景。因为汉代建筑已经综合地运

用绘画、雕刻、文字等形式作为各种构件的装饰，并达到了结构与装饰有机结合的程度，这正是后世中国古典建筑艺术最常见、最基本的手法。

秦汉陵墓与石雕

古代帝王自即位起，就要修建来世的地下殿堂和陵园，它犹如建造规模宏大的宫殿，成千上万的人被差遣劳作，他们多为刑徒，还有庞大的监工和军队在监督，这样才能保证艺术的精益求精，在承受着肉体和精神的巨大压力下，去发挥劳动的创造性，从他们手中产生出无数伟大文明的艺术品。

帝王如此，王公贵族和地主也纷纷仿效，现存的汉汝南太守宗资墓的石天禄和石辟邪，虽历经千年的风雨剥蚀，仍具有雄健傲然的态势。另外，四川雅安高颐墓的石辟邪，山东嘉祥武氏祠的石狮，均为东汉的动物石雕杰作。

天禄本为神话传说中的神兽名，它作为镇墓的守护神，在战国中山王墓中可见到，作小型双翼神兽状，后汉被移至墓前神道两旁，以衬托出贵族陵墓庄严肃穆和凛然不可侵犯的气度。与左边独角的天禄相对，神道右边伫立的是双角带翼的"辟邪"神兽，它们意为"天赐其禄，辟除邪恶"，由此而得名。

就陵墓的整体性而言，神道大型石雕还不足以构成其恢宏深广的气势，于是雕刻家往往在神道的最外侧，模仿木建筑形式，建石阙两座，其台基和阙身都浮雕柱、枋、斗棋与各种人物花纹，上部覆以屋顶。其中以四川雅安的高颐墓阙的形制和雕刻最为精美，是汉代石雕建筑的代表作。

有的东汉墓前还有石刻墓表，如北京西郊东汉秦君墓表，雄伟壮观，是几何体与兽形浮雕的美妙融合，其石础上浮雕二虎，其上立柱。柱的平面将正方的四角雕成圆弧形，柱身刻凹槽。上端以二虎承托矩形平板，板上镌刻死者的官职和姓氏。遗憾的是其顶部已脱落。这种堪与古希腊柱式媲美的墓表，我们不难看出它与后世皇宫的石雕华表的渊源关系。

在汉墓中，我们屡屡发现凿岩而成的墓室（如西汉中山靖王刘胜墓），这在东汉时期的四川一带最为流行。有的石室墓如同地面建筑，其风格样式都具有鲜明的时代特征。东汉的山东沂南画像石墓就是这种石雕建筑艺术的杰作。

此石室墓分有前室、中室和后室，左右又各有侧室二三间，这是对当时地面建筑的模仿。同时，我们也注意到它与西汉刘胜墓的内在联系，但东汉石室的规范工整与豪华富丽，则远过之而无不及，如此墓前、中室的中央都建有八角柱，上置斗拱，壁面与藻井均饰以精美的雕刻图案。

可与沂南画像石墓相媲美的还有山东安丘董家庄的东汉画像石墓。如其浮雕的方柱和圆柱异常壮

四川雅安高颐墓的石辟邪

第七章 精雕细琢——规模化的秦汉雕塑文明

145

观，气势雄伟，方柱周身刻画的裸身人体、走兽就有44个之多；圆柱周身雕刻野兽作盘绕状，其中夹有少数人首。这些艺术形象纷繁且生动异常，它们将写意和抽象的风格融为一体，是汉代石雕装饰艺术最完美的体现。

秦汉陶器文明

　　秦汉时期是中国陶器发展史上的一个重要阶段。虽然当时仍以泥质灰陶为主，但陶的应用范围扩大，同时在艺术加工方面也达到了较高的水平。这一时期盛行陪葬用的陶俑，如陕西省西安市市郊的秦始皇陵附近出土数以千计的兵马俑，形体巨大，数量众多，生动地反映出秦兵剽悍雄伟的真实面貌。秦汉时期的武士俑、仕女俑，以及许多反映生活享受的陶塑，都以完美的艺术形式、生动逼真的神态，展现了陶器塑品的高超技艺。这一时期的建筑用陶也增添了艺术色彩，如秦咸阳宫的纹饰辅地青砖，砌墙用的表面刻有龙纹和各种画像的空心砖，汉茂陵用的刻玄武纹条砖等，都代表了这一时期的风尚。

　　西周初期，筒瓦和板瓦已经出现，随后瓦当问世，这就使屋面的建筑材料有了新的格局。此后几千年，屋面建筑大都是这一格局。到了战国时期，出现了砖块。陶制建筑材料，如砖瓦在秦、汉有了更大的发展，"秦砖汉瓦"成为制陶艺术史上的佳话。

　　秦代至汉初，各地陶制品的地方特征比较明显。到西汉末期，制陶业面貌发生较大变化，形制质地更加统一。釉陶技术得到推广，低温绿釉陶广泛流行，陶仓、陶灶、陶井、陶炉、陶猪圈等明器数量大大增加。

1. 秦代的陶器

秦嬴政13岁继承王位，在位期间，励精图治兼并六国，一统天下，称始皇帝。但秦代的历史只有30年，真正确定的、具有秦代标准特征的陶器，主要在咸阳和临潼始皇陵区周边的秦俑坑和秦代墓葬的遗存。因此，多数秦代陶器的形制特点与战国晚期的陶器比较接近。

秦代日常生活所用陶器以泥质和砂质灰陶为多，也有少量红陶。不同种类的陶器在原料的处理和制作工艺上都有着很大区别，分别有泥质灰陶、泥质红陶、泥质黑陶、夹砂灰陶、夹砂红陶、泥质硬陶以及泥质软陶等类型。但墓葬所用明器，如鼎、敦、盘、匜等制作通常比较粗陋低劣。

秦汉时期的制陶业分三种不同的性质，即中央直接控制的陶业作坊、地方经营的官府手工业和私人经营的制陶作坊。中央控制的陶业作坊的砖瓦铭文如"左司""右司""宫疆""宗正""都司空"等；地方官府经营的陶器和砖瓦铭文如"咸阳成申""咸阳如倾"等；私人制陶作坊的铭文如"咸内里喜"等，可能是工匠在名前冠以居住地名，这种标记一般是私人制陶作坊的产品。可以看出秦代制陶业有了明确的分工，制作工艺等各方面都比以前有了较大的发展。

为了适应大量烧制建筑用陶以及兵马俑之类的大型物件，这一时期的窑炉建设技术也有很大提高，窑室规模增大，普遍增加了一至三倍。窑炉所设烟囱多已移到后部。特别是出现了窑床前高后低的特殊设计，是一项创造性变革，改善了密室内温度不均的问题。

2. 汉代的陶器

汉代是中国陶瓷历史上的一个重要转折点。汉代的陶瓷器，许多器形模仿自青铜器造型，浑厚而饱满。器物表面施釉烧成温度约在950℃—1000℃之间，属于低温釉，所以现在一般见到的汉代陶器表面多出现有细微

碎纹。到汉代为止，我国北方馒头窑的使用已达到比较完善的地步。南方也出现比较成熟的龙窑，窑室增大，同时缩短了烧造的时间。汉代陶瓷的又一重大成就是低温铅釉陶的创造和发明，为后来的低温釉出现奠定了良好的基础。

"明器"是专门供死者在阴间所用，而非为生者所有的一种用具，是汉代人重视墓葬的表现。殉葬品力求丰富而精细，成为习俗。汉代陪葬品大量使用陶制品，所制器物的表面被广泛施釉，因为这种材质可历经千年而不腐败，此外还有少量石质品、金属制品、木质漆器。明器的品种除饮食所用的器皿外，还大量模拟人们平时的生活场景，加以微缩，如陶制的楼阁、兽圈、仓房、灶台、井台、车马、奴仆等等，为死者营造一个虚幻的生活环境。其中的壶、盆、尊、罐之类器皿，一般都在素坯之外敷设一层粉彩，由于没有与胎体烧结，稍摩擦便很容易脱落。明器中的小型生活场景模型，外表一般都施有加绿色低温铅釉，当时人们已了解到这种铅釉有毒性，所以在日常生活用品中并不使用。由于汉代对陵墓的重视，因而出现了另一种特殊建材"圹砖"，"圹"即墓穴的意思，圹砖内部为空心，体积较大，外表饰有图案，可连续排列，也可独立成为画面。砖面图案是模具拓印而成的，这是后世陶瓷器表面印花工艺的雏形。由于这种空心圹砖上多刻绘有各种图案，也叫画像砖。此外，在汉代陶器当中，瓦当的艺术成就非常突出。

汉代建筑陶的烧制技术有了很大提高，完成了由印纹硬陶、原始瓷向瓷器逐渐演变的过程，使我国陶瓷历史进入了一个新的历史时期。

3. 汉代的低温铅釉陶器

汉代时期创烧的低温铅釉陶器是我国陶瓷工艺中一项杰出的成就，它的发明为后期创烧各种色彩的陶瓷奠定了扎实的基础。据有关资料表明，这种低温铅釉陶器在陕西关中地区首先被发现，但在汉武帝时期的墓址中很少发现低温铅釉陶器。大约到汉宣帝以后，这种技术才开始有了比较快的发展，在当时关东的河南地区也有了不少发现。发展到了东汉时期，这种低温铅釉陶器技术流行地域十分宽广，西至甘肃，北达长城，东扩山东，南抵湖南、江西等地。

汉代时期的低温铅釉陶器不仅有着翠一般美丽的绿色，而且其釉层晶莹剔透，釉面光泽亮丽，工艺严谨，十分可人。但是，在众多汉代时期的墓址中发现的各类低温铅釉陶器均为明器，至今未见有日常实用器物，这极可能与这类低温烧成器物不能成为实用器有关。汉代时期的低温铅釉陶器除了鼎、盒、壶、仓、灶、井和家畜圈台外，还有楼阁、池塘、碉楼等各类模型明器。因为众多出土的低温铅釉陶器表面有一层银白色金属光泽的物质，所以又被称为"银釉"。许多年来，人们对于银釉成因的解释众说纷纭，各有不同。有人认为这是由于棺中的朱红变成水银粘附在陶器表面而成；有人认为是由于铅绿釉中的铅分以金属铅的形式在釉面上渗出所致。日本一位学者认为这种釉类似云母之物，由于硅酸盐玻璃的釉发生变化而使之具有与云母相似的物理性质。中国科学院上海硅酸盐研究所的专家对此进行试验研究认为，银釉是铅绿釉表面的一层半透明衣罩，如用刀片在釉面上轻轻一刮，这层银釉就会被刮下，而衣下面仍是铅绿釉。他们在显微镜下发现这一层衣呈层状结构，与云母结构十分相似，其层次多少不同，少者仅几层，多者可达二十多层，每层的厚度仅约3微米。X射线和岩相分析表明，这层衣为非晶态均质体。在化学组成方面它含有与基底铅绿釉基本相同的化学元素。为此，这类银釉现象一般都在比较潮湿的墓葬中才能出现，而在比较干燥的地方很少发现这类银釉的陶器。实际上这层衣是一层沉积物，当铅绿釉处于潮湿环境之中时，由于水和大气的作用，釉面受到轻微溶蚀，而溶蚀下来的物质连同水中原有的可溶性盐类在一定条件下就在铅绿釉层表面和纹缝中渗出。但这层沉积物与釉面的接合

并不十分紧密,所以水分仍可进入两者间的空隙中,并继续对釉面进行溶蚀,经过较长时间后,它又重新渗出一层新的沉积物。如此反复进行下去,层次就逐渐增多,当达到一定厚度时,由于光线的干涉作用,就产生了银白色的光泽。

我国的铅釉是我们自己独立创造出来的,正如陶器发明一样。陶器不是由某一个地方首先发明而后再传往世界的,而是各地人民在长期的生活实践中各自独立创造出来的。凡是有人类居住的地方,具备原料和燃料这些必要的条件的,差不多都会制造陶器,应该说铅釉的发明创造也是这样的道理。低温铅釉陶器的发明和推广是汉代劳动人民对中国陶瓷工艺发展史作出的一个重大贡献。由于铅釉的折射指数比较高,高温黏度比较小,流动性比较大,溶融温度范围又比较宽,其熔蚀性又比较强,因而可避免石灰釉和石灰碱釉中常见的"橘皮""针眼"等缺陷,同时釉层中无气泡和残余晶体的存在而使釉层透明晶亮,平整光滑,富有装饰感。正是有了这些创新和发明,才有了至唐代那么绚丽多彩的三彩陶器的出现。唐代工匠在铅釉中加入少量含钴或含锰的矿物质,生成了蓝和紫等各种不同色彩的低温釉,烧制出许多令世人拍案叫绝的唐三彩陶器,从而谱写出我国陶瓷史上新的一章。

兵马俑：中华文明的奇迹

秦始皇兵马俑是世界考古史上最伟大的发现之一，被誉为"世界第八大奇迹"。

数以千计的大型陶俑，不仅在宏大的气势上给人以深刻印象，而且还在人物形象的刻画上达到了中国古代雕塑的一个高峰，表现出极高的写实技巧。秦代的制陶工匠和雕塑工匠用以模为主、塑模结合、分件制作、逐步套合和入窑烧制、出窑彩绘的方法，烧制出这大型的陶俑和陶马。陶俑的头部大都是合模制作，俑腿和俑身采用模制或泥条盘成，臂和手用模制或手制。对各个细部的制作，则运用了塑、模、捏、堆、贴、刻、画等方法，逐个进行雕塑。所以，陶俑的人物姿态相近，面貌却不同。同样是士卒，有的面带微笑，看上去沉着老练，有的单纯活泼，好像还带有几分稚气，有的意气高昂，有的凝神专注。工艺技术之精湛，令人惊羡叫绝。

这些陶俑个个身形威武，比例匀称，一般高约 1.80 米，最矮的也有 1.75 米，高的则达 2 米。有将军俑、骑兵俑、步兵俑、弓弩俑等多种，几乎包括了各个等级和兵种的古代军人。其装束也因各人身份等级不同而有所不同，并且体现出因地域不同而具有的生理面貌上的细微差别。这些陶俑有二十多种不同的脸型，一百多种不同的神情，如同是活生生、训练有素、纪律严明、行将出征或是接收检阅的武装部队。同时又都融合在庞大雄壮的气势之中，形成了高度的统一感。

秦俑的雕塑风格具有很强的写实性，刻画得一丝不苟，丝毫不差。铠甲的坚硬质感，战袍的柔软光滑，衣服的褶皱线条清晰流畅。甚至那铠甲上最小甲钉的钉盖、钉钎、钉孔一一俱全，武士俑的头发胡子也都丝丝可见，就连某些陶俑所穿布鞋鞋底上的针脚线也是疏密有致，给人以栩栩如生，呼之欲出的感受。

在众多陶俑中，最叹为观止的是：

《跪射武士俑》。秦始皇陵兵马俑中兵种繁多，等级分明，阵容整齐，体现了秦朝军队的严谨编制和强大武力，仅士兵俑就包括了骑兵俑、步兵俑和射手俑等。《跪射武士俑》是其中射手俑形象的典型代表。

这个陶俑高130厘米，为跪射姿势。他身披铠甲，右膝着地，左膝弯曲下蹲，右手握弓，左手向右作扶持姿势。这个士兵俑束发并挽成偏斜的发髻，面目清晰，表情严肃。整个陶俑身体结构准确，动作自然，充满了内在的动力，体现出他似乎随时准备加入战斗的状态。

《将军俑》。兵马俑分步兵俑和骑兵俑两个主要兵种，每个兵种又有士兵、军吏和将军的区别。这尊《将军俑》身材高大，高197厘米，他头戴燕尾长冠，身披战袍，胸前覆有铠甲，双手相握置于腹前。他双目炯炯有神，神态刚毅自然，沉稳平静，表现出身经百战、临危不惧的大将风度和运筹帷幄、决胜千里的百倍信心，是当时秦朝威镇四海的强大军队中上层武官的真实写照。

《鞍马及骑兵俑》。马身长约2米，高1.5米。马背上雕有鞍鞯，头上戴有络头、衔、缰，骏马肌肉结实，壮健有神。骑兵俑身高1.80米，立于马前，一手牵拉马缰，一手作提弓状，看起来沉稳老练，意志刚强。为了适应作战的具体需要，作为秦代重要作战力量的骑兵有一套不同于车兵和步兵的专门服饰，如头戴圆形小帽，上衣短小，下着长裤，这些特征在这个骑兵俑身上都有所反映。骑兵俑的铠甲比步兵和车兵的甲衣短，长度仅及腰际，双宿无护肩甲，这样便于骑马和操持弓弩。上衣为窄袖口，双襟交掩于胸前，长度及膝，这样抬腿上马比较方便。下身穿长裤，足登短靴，头戴圆形小帽，帽上有带扣结颔下。

在秦代，牵引战车和骑兵都需要优秀的马匹，彪悍的骏马在秦国剿灭群雄的战争中曾发挥了极其重要的作用。据说，当时秦朝的战马在飞跑中一步可以跨出两丈多远。秦俑坑中出土的陶马就是这种形体

灰陶武士俑

骏美健壮，善于奔跑，勇于冲锋陷阵的战马形象。

陶马高为 1.58 至 1.70 米，肢体矫健，两耳上耸，鬃毛分披，精神抖擞，神态警觉。这些陶马的身体比例都十分匀称，全身轮廓优美，肌肉富于弹性，骨骼和肌肤都有非常细腻的起伏变化。其中马的头部虽然只被概括为几个大的块面，但表情丰富，耳、鼻、口、目都刻画得十分深入。战马的头部是向上抬起的，双目圆睁，鼻孔翕张，微微张开的嘴似乎正在发出嘶鸣。它们好像正处于警觉的战备状态之中，体内积蓄着无穷的力量，一旦听到号令，就会立即腾跃而起，冲向敌营。

这些陶马和那数千个整装待发的陶俑将士们一样，都蕴含了昂扬奋发的战斗热情和无比充沛的精力，这正是秦王朝强盛时期的真实写照，也充分显示出秦代雕塑家的高超技术。

　　除了大量兵马俑以外，俑坑中还出土了秦代军队实战用的青铜兵器数万件，种类有剑、铍、戈、矛、弩、镞等十多种，洋洋大观，称得上是一座秦代"精兵所聚"的武器库。

　　秦兵马俑及秦始皇陵是秦王朝政治、文化、宗教及丧葬礼仪制度的重要体现，同时也凸显了中华文明与秦兵马俑的核心价值。秦兵马俑在中华文明发展史上有重要地位，它做出的显著贡献使其成为中华文明发展史上一块重要里程碑。

知识链接

"世界八大奇迹"

　　"世界八大奇迹"分别为：（1）埃及金字塔；（2）巴比伦空中花园；（3）亚历山大灯塔；（4）罗德港巨人雕像；（5）希腊宙斯神像；（6）希腊阿耳忒弥斯神庙；（7）土耳其摩索拉斯陵墓；（8）秦始皇兵马俑地下军阵。

两汉陶塑文明

与秦陵的兵马俑相比，汉代的陶俑无疑是充满亲和性的。

此时的陶塑，更多的是表现现实生活中人与社会的古典写实主义风格的作品。如：有提壶、持瓶、扫地、献食的勤杂俑和庖厨俑；有持锸、执箕、握铲、扛犁的农夫俑；有杂技、歌舞、说唱、演奏的乐舞杂技俑；有牛、马、犬、猪、鸡、鸭的动物俑。反映农业生产设施的有水田、水库、鱼池、灌溉渠、仓廪、磨房、风车、陂池等，反映农业生产场面的有犁田、耕耘、施肥、收割、打场、舂臼等，生动有趣，质朴可爱。

汉代陶塑手法有捏塑、圆雕、浅浮雕、模印等，注重神似，线条简练而夸张，不乏谐趣，对生活景象有极强的概括力。

西汉初期的陶塑以西安任家坡和咸阳杨家湾出土的彩绘侍女俑和骑马俑最为华丽。任家坡的侍女俑，人体各部位的比例匀称，体态端重，衣着的形制色彩都如实模制。其中女侍立俑，身穿三重衣，右衽外衣为赭色长襦，内衣深红，中衣浅红，曲领露出衣外，领口、衣袖用白色宽料缘镶边，脚穿方口履，为后人研究汉代服饰提供了参照。

西汉中后期，陶塑艺术出现了新的风貌。塑造人物注重整体感，取大势，去繁缛，常用概括的表现手法。1969年，济南无影山出土了由22个陶塑组成的乐舞杂技宴饮俑群，其中有舞俑、杂技俑和宴饮贵族俑。着力表现的是各自特有的剪影式的基本特征与造型：舞蹈者的舞姿；杂技演员表

演拿大顶和折腰柔术中最惊险、最精彩的一刹那；伴奏演员的紧锣密鼓地演奏瑟、钟、鼓等的神态等。在稚拙简朴中，透露出一种豪放的美。特别是在场景布局中，作者把表演杂技和舞蹈的艺人，布置在突出的中心位置，宴饮的贵族和其他观赏者退居到陪衬的地位，突出了表演者的艺术形象。

东汉陶塑继承和发展了西汉前期的写实风格，人物俑除了文官俑、武士俑和歌舞杂技俑外，还出现了不少劳动人民的形象。如广东佛山出土的水田附船陶塑，田面被田埂分成六块。农夫有的戴着斗笠扶犁犁田，有的手持秧苗弯身在插秧，有的在扬手施肥，有的在执镰收割，有的在打谷脱粒。田里的秧苗、肥堆、禾堆等一一毕现，生动地再现了汉代农业劳动的场景。四川绵阳出土的水田模型，则再现了封建雇佣劳动的画幅：长袍拱袖、圆脸的地主，立在田里，另外四个短衣赤足的雇佣农夫，或叉手恭立，听候指挥，或肩负手提，紧张地劳动着。汉代长安民谣所吟唱的"城中好高髻，四方高一尺；城中好大眉，四方且半额；城中好广袖，四方全匹帛"女性形象，在陶塑中也能看到。成都天回山出土的女舞俑造型为：头梳高髻，面部略成方型，广眉薄唇。广州出土的女舞俑也是高髻三丫，插笄七枚，广袖长裙。

东汉陶塑还继承和发展了西汉寓巧于拙、雄浑豪放的艺术风格。人物塑造，不求形体的逼真和细节的雕琢，而是从总体上把握对象的神韵，通过轮廓剪影式的雕画来表现气氛和动态。故宫所藏汉代女侍俑，没有对其面部表情作细致的雕画，也没有对其衣饰作更多的加工，雕刀所着力仅限面部轮廓及袖手恭立的身姿，只寥寥几刀就把一位温柔、聪颖，又郁郁寡欢、愁思不展的侍女，生动地展现在了观者的眼前。

总之，汉代尤其是东汉时期的俑像生动地反映了当时的社会政治经济面貌。朴拙的风格，奔放的气势构成它独特的艺术魅力，在艺术史上谱写了光辉的一页。

生动多彩的汉代说唱俑

汉代说唱俑在中国陶器史上是一个重要的转折点。它起着承上启下的作用。从创作手法上讲，秦朝时期的陶器主要以雄伟壮阔，写实逼真为主要特征。汉代说唱俑等陶器主要体现的是一种夸张写意之美。如1957年四川成都天回山汉墓出土的击鼓说唱俑（现存中国国家博物馆），俑通高55厘米，以泥质灰陶制成，俑身上原有彩绘，现已脱落。

说唱俑是一种古代滑稽戏的俳优造型，二者之间有着相当紧密的联系。两汉时期，说唱表演已在民间十分盛行。当时人们将说唱艺人称为"俳优"。《汉书·司马相如传》颜师古注："俳优侏儒，倡

说唱俑·汉（通高55厘米）

第七章　精雕细琢——规模化的秦汉雕塑文明

乐狎玩者也"。俳优在表演艺术方面主要有以下两个特点：在语言方面，俳优具有诙谐风趣、引人发笑的艺术特点。在表演形式方面，俳优往往具有善于模仿、扮演各种人物的特点。他们的表演形式是谈笑，或击鼓歌唱，表演特征是诙谐幽默、滑稽逗乐，类似今天的相声、滑稽戏。出土说唱俑造型夸张，赤膊大腹、挤眉弄眼，有的敲击小鼓，有的手拍大腹，神情憨态可掬，却又透着灵性的笑容，讨人喜欢惹人爱。汉代社会流行的"事死如事生"的观念，使得官僚贵族们在死后也念念不忘将这些艺人的形象制成陶俑，让他们陪伴在自己身边，仍然像生前一样替自己排闷解忧。

我国说唱艺术的萌芽期以说唱俑为典型形象，它的发生从一开始就具有娱乐的功能。音乐舞蹈源于祭祀仪式，这是两者的不同之处。四川出土汉代说唱俑，被学术界公认为中国早期说唱艺人的造型，或称为说唱艺术的鼻祖。

说唱俑当中有一种叫作说书俑。他们衣着整齐，跽座端庄，小鼓放在面前，一手握槌击鼓，一手拍击鼓面，扬着头，张着嘴，边说边唱，生动地演示了汉代说唱艺人的风貌。

东汉说唱俑是我国古代陶器史上的一朵奇葩。它有独特的造型和稚拙而粗犷的美，深受人们喜爱，是属于人民自己的艺术。对后世的陶器及其他工艺品的制造有重要的影响作用，应予以重视和保护，我们更要学习传统艺术的美。

扩展阅读　秦汉时期的木雕

秦汉两代木雕工艺趋于成熟，绘画、雕刻技术精致完美。施彩木雕的出现，标志着古代木雕工艺已达到相当高的水平。秦汉木雕工艺在承袭春秋战国时期木雕工艺发展的基础上，又有较大的发展和提高。如果说，伴随着春秋战国时期漆工艺的发展而产生的立体圆雕工艺，只是一种初步形式的话（因当时立体圆雕的木制品只注重形式，外部还要进行漆加工、彩绘等装饰），那么到了汉代，就发展为既有造型艺术的美，又在操作工艺的技法表现上初步形成了独特的木雕艺术风格。

汉墓出土的动物木雕作品中，更可以了解到汉代木雕工艺发展的水平。动物作品有牛、羊、马、狗、猪、鸡、鸭等，这些动物造型生动，身长分别

秦汉时期的木雕

在 14—55 厘米，都是以分部制作黏合而成的办法雕制的。动物是由头、身、足三部分组成的，但三个部分的尺寸不可能一样大小，总体形状是头高、身长、足高，根据这种特定形式用整木雕制是汉代木雕工艺的一个创新，为木雕工艺创作品类众多的艺术品，创造了有益的经验，这是木雕工艺发展史上的一个重大创举。另外，也有车、马、船、耳环等木雕器物。

第八章

乐舞百戏
——中国戏曲文明的雏形

秦汉立国,纵横数千里,上下五百年,中华文明进入一个新的历史时期。中国戏剧也从与宗教仪式混杂的原始阶段跨入了体现艺术价值和实现娱乐功能的初级阶段。与希腊和印度不同,中国未能从祭祀仪式直接转换出成熟的戏剧样式,二者之间还要一个漫长的过渡——初级戏剧阶段,中华文化的特殊性造成了中国戏剧发展的这种特殊历程。秦汉六朝百戏,则是初级戏剧雏形的显现。

汉乐府的建立

秦始皇征服六国，统一中原，结束了战国时期分裂割据的局面。建国后秦始皇为了满足自己的欲望，他野蛮地奴役各族人民；他的宫室，是按照六国的宫室图形，集于咸阳建造的。把六国掠来的美女、钟、鼓藏在宫中，当时宫女乐人达万人以上。但他并不满足，又征发七十万人建造阿房宫。《说苑》卷二十载："关中离宫三百所，关外四百所，皆有钟磬、帷帐、妇人、倡优……锦绣文彩，满府有余，妇女倡优，数巨万人，钟鼓之乐，流漫无穷。"

刘邦灭秦后，建立了西汉王朝。

汉承秦制，开国不久就建立了音乐机构——乐府。乐府是汉朝管理音乐的一个官署。（以前认为乐府始于西汉初期，1976年在秦始皇墓附近出土了一枚带有"乐府"字样的秦钟，由此可以证明：乐府建立于秦。）但由于久经战乱，国家凋敝，汉初期的乐府没有多大的发展。汉王朝经过六十多年的"无为之治与民休息"的政策使经济得以恢复，到汉武帝时，已是国势日盛了。故提倡发展文化。公元前112年，汉武帝下令将乐府进行改组扩建，扩建后的机构设在长安西郊专供帝王游乐的"上林苑"里。为了完善乐府的扩建工作，汉武帝下令举国上下设立收集民间音乐的机关，并在京都长安招收全国各地出色的民间艺人。

汉代乐府的主要任务是搜集民歌、创作新声、填写歌词、改编曲调、编配演唱、演奏音乐作品、训练乐工以及研究音乐理论等，以供宫廷帝王将相们观赏享用。从各方面来说，汉武帝时的乐府规模都已经大大地超过了秦朝乐府。

据《汉书·文艺志》记载，当时收集民歌的地区大致北起燕、代、雁门、云中、河间；南到吴、楚、汝南；西至陇西、秦中；东达齐、鲁；中原地区则有邯郸、淮南、洛阳等地。这些民歌在班固的《汉书·文艺志》中还保存有134首，另有属"周谣歌诗声曲折"及"河南周歌声曲折"的各75篇，总计284篇。这也许是经过整理选择删编，并正式编入乐的民歌。这些能保留在《汉书·文艺志》中的民歌，可能是当时所采集的民歌中的"九牛一毛"。由于种种原因，很大一部分没有被保存下来。汉代乐府歌曲大都是郊祀歌、房中乐等，是宫廷特制的歌词，其他属于宴乐性质的歌曲，歌曲大都是沿用民歌原词加工整理改编而成的，形式比较自由，多使用二、三、四、五、六、七言的句式。如《上邪》便是如此：

我欲与君相知，长命无绝衰。山无陵，江水为竭，冬雷震震，夏雨雪，天地合，乃敢与君绝。

当时乐府的领导人是李延年、司马相如。"以李延年为协律都尉、司马相如等数十人造诗赋，略论律吕，以合八音之调，作为《十九章之歌》"（见《汉书·文艺志》）。据史书记载来看，当时整个乐府的工作人员有829人。

汉武帝设立乐府的动机是为自己享乐，但他的这一举动，却对民间音乐的集中改编、加工、提高、继承，扩大中华民族传统音乐有着极大的贡献，并对以后千百年来的音乐发展，有着很大的影响，故历代凡是因模仿乐府形式体裁而创作的音乐、文学，便称之为乐府。

乐府的撤销是在公元前六年汉哀帝时期，由于当时阶级矛盾的尖锐，豪强地主大量兼并土地，广大农民被迫四处流浪，或者沦为农奴，社会经济迅速衰退，统治者已无力维持这种庞大的音乐机构。同时，政权也开始动摇，统治者对蓬勃发展的民间音乐感到害怕。所以汉哀帝下令将原有的829人乐工裁去441人，剩下的则归属到管理祭祀典礼的太乐署，而这些人中的绝大多数是演唱雅乐的。

汉初乐府的设置和汉武帝的改组，对我国统一的多民族的音乐文化的发展具有积极的作用。

开放的汉舞文明

春秋末期，孔子经常痛心疾首地慨叹礼崩乐坏，实际那时（甚至在以后好长时期内），王室乐舞仍为六代雅乐所统治。列国君主有时尝试着演一点郑卫新乐，还是遮遮掩掩，在宰臣和史官面前直不起腰。孔子的所谓礼崩乐坏，主要是指诸侯在乐舞方面的僭越行为，即演奏了按规定只准许天子演奏的雅乐，或者多用了十八个舞人，所以实质上主要仍是在雅乐中打转。那时，宫廷乐舞一直和"礼"紧紧地捆在一起。直到汉初，用于郊庙的《文始》《五行》诸舞，都是六代雅舞的改编。

西汉时代特别是汉武帝时期，舞蹈有了重大发展，追溯原因，大致有三点。

一是楚舞的兴盛，对传统雅舞有所冲击。鲁迅的《汉文学史纲要》中说："楚汉之际，诗教已熄，民间多乐楚声，刘邦以一亭长登帝位，其风遂亦被宫掖。盖秦灭六国，四方怨恨，而楚尤发愤，誓虽三户必亡秦，于是江湖激昂之士，遂以楚声为尚。"整个两汉，楚声均行而不歇，除著名的《大风歌》《鸿鹄歌》人皆知为楚声外，如武帝《秋风辞》、昭帝《黄鹄歌》、赵幽王友歌、燕剌王旦歌、华容夫人歌、李陵《别歌》、少帝《悲歌》等都是楚声。在歌与舞紧密结合的汉代，楚舞必然伴随着楚声一起流行，甚至比楚声的影响更大、更深远。楚舞在两汉几乎笼盖了这一个时代，这一点还不大被人们所认识。

二是向外域开放，使内地舞蹈发生了一定的变化。舞蹈面貌发生变化主要体现在汉武帝时代。汉武帝刘彻在政治、经济、文化各方面，都有一种开放的气度。他为了打通到中亚的通道，数次派张骞出使西域，到了大宛（今苏联境内）、康居（大宛之西）、大月氏（今伊黎河上游）、大夏（罗马）等国，和缅甸、印度、朝鲜、日本也发生了贸易关系。这样一来，异域的风吹进了中原大地，使汉代舞蹈的视野放得很开，不再局限于自身的小天地。不但收纳了外域的题材和乐舞形式，而且以一种追求的精神，表现出对异域文化的向往和探索。像《西京赋》所写平乐馆演出的"怪兽陆梁，大雀踆踆，白象行乳""含利化车"等，都是由人以特制的外壳化妆成各种奇禽异兽作舞。1954年出土的沂南画象石，对这些节目作了形象的印证。很明显，这类动物是和外国进贡的陈列在建章宫奇华殿里的巨象、大雀、狮子等有密切关系的。西域魔术师也把火种点燃到各种娱乐场合包括乐舞百戏之中。他们的技艺传到方士手中，使方士如虎添翼，动辄大兴云雾，易貌分形。《西京赋》描写平乐馆大会演中出现的"鱼龙曼延""云起雪飞""吞刀吐火""画地成川"等，就是幻术在演出中的生动运用。

从音乐方面看，舞曲和以前的传统音乐已有很大的不同了。汉武帝时出现了不少前所未有的新乐器。如笛，说是武帝时乐工丘仲所作，实际是

这一时期从西羌传来的；箜篌，据说是武帝时乐工侯调首创，琵琶据说是为了送乌孙公主远嫁昆弥，让乐工改造筝、筑作成的，实际都是从中亚传入。这些新乐器的传入，改变了乐队的结构，也改变了音乐的旋律节奏和情调，这必然会使舞蹈的舞容和节奏发生变化。李延年以张骞从西域带回来的《摩诃兜勒》为主旋律，略作变奏，创作了新声二十八解。用于横吹，在当时影响很大，也不能不浸入到舞曲中来。

三是俗乐地位上升，给宫廷乐舞以新的生命力。汉武帝给民间俗乐以合法的地位，在中央设立乐府，专门管理俗乐，从赵、代、秦、楚、燕、齐、郑、吴各地采集民间歌舞以供唱演。他堂皇的口号是说通过俗乐以观民风，供统治作参考，实际是为俗乐的艺术感染力所迷，民间舞蹈于是畅通地走进了宫廷，雅舞便成了一种摆设。

由于这样一些因素，使得汉代成为我国舞蹈发展的第一个高峰时代。后来到大唐帝国时，出现了我国舞蹈发展的第二个高峰。有了这两座舞蹈高峰，才使我国整个古代舞蹈史显出了迷人的光辉，在世界舞蹈艺术的大家庭中获得了重要的地位。

场面壮观的百戏歌舞

百戏属于戏剧发展的雏形阶段，是汉朝对表演艺术的统称，包括音乐、舞蹈、杂技、魔术、角抵戏等。汉朝宫廷的各种庆典，以至民间节日庆典，都常常以百戏表演助庆。数百人乃至数千人同台演出，载歌载舞，形式热烈，场面壮观。随着西域胡风的渗入，赋予百戏更加活跃的生命力。

百戏起源于民间，是由古老的社火、傩仪、巫舞等原始宗教仪典发展而来，秦朝开始传入宫廷，后来汉武帝大力倡导，在汉朝盛极一时。

元封三年（公元前108年），汉武帝在皇家园林上林苑举办了一场规模庞大的百戏集演，周围300里内的百姓都赶赴观看，一时万人空巷，成为当时京城的一大盛事。在汉武帝的倡导下，由宫廷乐府主持的百戏集演，每年举办一次，相沿成习，直至东汉仍然持续不断。后来百戏又成为朝廷接待外国宾客的重要表演项目。

宫廷百戏集演的形式，很快影响到贵族阶层，庄园内举办宴乐聚会，百戏是必不可少的重头戏。

汉朝时期，来自民间的杂技艺术，受舞蹈的影响很大，演出的动作从单纯显示惊险奇特的技巧，到讲究节奏感和优美感，并用音乐和舞蹈陪衬，渲染了艺术气氛。

汉朝杂技经常在宫廷表演，形式不断创新，技术也不断突破。

来自罗马等地的魔术，在百戏表演中大放异彩，吐火、跳丸等节目，以新奇惊险的技巧，使中原人大开眼界，成为百戏中不可缺少的节目。

汉朝民间流行一种以逗笑为主的说唱表演，一般是由两人相对说唱逗乐，形式与现代滑稽戏或相声相似，但配合击鼓演唱，语言和动作滑稽而夸张。

说唱的表演者称"俳优"，身份低于歌舞乐伎。表演场地并不讲究，常在贵族庄园的楼门口就地表演。此外，这种表演没有融合在百戏中，具有独立的表演形式。虽然在宫廷中偶然也有演出，但尚未流行，属于不登大雅之堂的、供街巷平民百姓观赏的表演艺术。

汉朝有一种化妆表演，以象征和写实结合的手法，利用竞技搏斗的动作，表演故事情节，称"角抵戏"。内容以历史故事为主，例如《二桃杀三

士》《东王公与西王母》等。这种表演形式已具备了戏剧的基本要素。

汉朝社会经济繁荣、国力强盛，表演艺术发生重大变化，百戏的盛况，体现了蓬勃向上的社会风貌。"百戏"是中国古代乐舞、杂技、曲艺等表演艺术的总称，源于夏，上承夏商的祭祀乐舞、周代的"散乐"与"讲武"，下启汉魏至明清各代表演艺术。

角抵戏的出现

公元前221年，秦始皇统一中国，建立郡县制，开始了中央集权制的国家建设，在文字、度量、车轨、服饰上进行了统一的规定，这无疑利于各诸侯国原有文化的交流发展。春秋战国时代散见于齐、鲁、燕、赵、韩、魏的角抵，也得到了集中发展。秦地原本喜尚角力竞技，此时吸收各国角抵的优长，正式使其成为一种娱乐性的杂技节目：角抵戏。

角抵又称角力，史书中介绍了宋闵公与臣下角力的情形。河北新密打虎亭东汉墓出土的壁画中，也有绘制角抵情形的。其实角力真正能够发展，还是得力于人们对黄帝的纪念。

中国流传着黄帝战蚩尤的故事，黄帝是中华儿女的祖先，所以全球华人又被称为"炎黄子孙"。黄帝在当时是一个氏族部落的首领，与蚩尤之战为他伟大的一生增添了浓墨重彩的一笔。蚩尤是九黎族联盟的首领，管辖有81个小氏族，实力雄厚，而且相传九黎族人是兽身人首，能吃沙子、石头，会腾云驾雾，十分强悍。黄帝用了很多办法都无法制胜，且损失惨重。

后来黄帝联合多个部落，调兵遣将，历尽艰辛，终于获胜，并杀死了蚩尤。为了庆祝这次战争的胜利，黄帝组织了一个节目。为模拟战争场面，有的士兵装扮成蚩尤的样子，戴上头上有角的假面具，两两相抵，情形十分热闹。为了纪念黄帝，每逢喜庆日子，人们便用这种形式庆祝。年复一年，这种游戏逐渐流传开来，特别是在古冀州一带，更为流行。

在当时不管是军队还是庙堂祭祀都有角抵的影子。汉代史学家司马迁在《史记》里这样记载：蚩尤头上有角，在与黄帝战斗中，用角抵人，现在冀州发展为蚩尤戏。南北朝时期的学者任昉在《述异记》中写道：冀州有种娱乐节目，名为蚩尤戏，那里的人们三三两两，头上戴着牛角相互抵斗……由此可见蚩尤戏的盛行。

《文献通考》说："秦始皇并天下，分为三十六郡，郡县兵器，聚之咸阳。销为钟鐻，讲武之礼，罢为角觝。"

《汉书·刑法志》说："春秋之后，灭弱吞小，并为战国，稍增讲武之礼，以为戏乐，用相夸视；而秦更名角抵，先王之礼，没于淫乐中矣。"

湖北江陵凤凰山秦墓出土的木篦背上，绘有二人角抵、一人观看的形象。头束发髻，着短袂，长带系腰，打结于腰后。此种装束流传至宋，至今日本相扑有此遗风。这种角抵可能是秦原本有的，后来集中六国技艺，就变得丰富多彩，故而称"戏"，而且早在公元前207年宫廷已将杂技类的角抵与歌舞、滑稽集中表演。《史记·李斯列传》记载李斯因公务求见秦二世，胡亥却耽于娱乐而无暇接见："二世在甘泉，方作角抵俳优之观。"

杂技史学素来极为重视这段记载，认为它意义重大，在《中国杂技史》中认为这段记载的意义在于：

（1）它标志杂技已成为表演艺术，虽然从上古到战国，杂技都时有表演，但系统化、完整的、艺术性更强的表演，却出现在此时。

（2）角抵和俳优包括了当时宫廷的一切表演艺术，而且角抵在前，可见

对角抵的重视。

（3）汉、晋、隋、唐、宋各朝都有杂技盛会和百戏杂陈的习俗，这种习俗是由秦开始的，这对杂技的提高发展，有着巨大的推动作用。

（4）由《史记》的描述估计，当时角抵节目已相当多，惟如此才能使秦二世沉湎其间，迷不知返。秦二世为了观赏角抵俳优节目，竟至不见朝臣，自然是荒唐行为，但这个行为却从另一面说明角抵杂技在秦代已经达到了相当高的艺术水平。

知识链接

扛鼎

举鼎，又被称为扛鼎，跟现代举重运动有相似之处。举鼎在公元前306年已属秦国的游戏范围。秦汉之际的"乌获扛鼎"由此而来。而实际上，它的发展可以向前追溯。据史料记载，孔子的父亲叔梁纥，以臂力过人闻名，他曾用双手托住城门的千斤闸，可见力气过人。而同时期的狄虎和秦堇父也名噪一时。狄虎能把大车的轮子舞起来，而且花样繁多；秦堇父以爬布出名，他能蹬着从城楼上悬下的布索登城。叔梁纥举重、狄虎舞轮、秦堇父爬布，分别是"扛鼎""舞轮""缘绳"的雏形。当时人们崇尚力量，而且杂技项目太少，这就为举鼎这一杂技品种提供了有利的条件。据说孔子不但儒雅博学，同时也力能托关，可以将国门举起。举鼎不但需要表演者力气强大，而且需要一些技巧，它是很多杂技种类的雏形。

傀儡戏的初步形成

汉代的傀儡戏形成在战国时期，最早是以木偶人的形式出现，是一种源于古代驱逐疫鬼的音乐舞蹈。到了汉代，因受百戏中人物表演的影响，傀儡戏的表演形式也发生了很大的变化。其主要是角色不再用木偶人来表演，而是由真人来完成，这使得傀儡戏的表演更趋复杂，对人物的语言、形体的要求很高，由于舞者的扮相十分丑陋，化妆也很复杂。与百戏不同的是汉代的傀儡戏始终为统治阶级所有，是统治阶级专门用以宣扬封建迷信和供其娱乐的艺术形式之一。

关于傀儡的起源，有人以为是从俑发展演变而来。在汉代，傀儡和俑都可以称为"偶人"。山东莱西县岱墅西汉中期二号墓出土的木偶人，已具备今天提线傀儡的基本结构。主要关节也能活动，可以或立、或坐、或跪。从汉代墓葬发现的木俑（偶人）来看，凡歌舞俑、女侍俑雕刻均相当精细，毛发耳目口鼻皆具，并且身穿纨绨之衣。由此可以推知，这具木偶人原先也应有纨绨之衣的。如果系上提线是否能够完成"踊跃"动作，难已断定，但至少已经和《礼记·檀弓下》郑玄所注"有面目机关，有似生人"的俑相似。这就为傀儡起源于俑的说法提供了有力的证据。

根据文献记载，汉代的傀儡还只限于表演舞蹈。秦汉时期人们在丧葬的时候，就有演奏歌舞的习俗。《汉书·周勃传》记载，周勃先时"常以吹箫给丧事"。颜师古注云："吹箫以乐丧宾，若乐人也。"《盐铁论·散不足》

171

也说："今俗因人之丧以求酒肉。幸而小坐而责办歌舞俳优，连笑伎戏。"而傀儡便是一种"丧家之乐"。既然傀儡起源于随葬木俑，丧葬期间用傀儡作丧家乐，用来表演舞蹈以乐丧宾，也是顺理成章之事。后来，随着木偶制作技术和表演艺术水平的不断提高，广泛得到人们的喜爱，以至京师一带宾婚嘉会上也有这种木偶人演出。

汉代作为"丧家之乐"的傀儡，推测并不是用来入葬。因为虽然汉代墓葬出土的木俑为数不少，但如莱西县岱墅二号墓所出关节能活动的木偶人，迄今也只有这一例。这具木偶人从制作看还比较粗糙，尚不能达到用来表演舞蹈的要求。因此还不是用于表演的木偶人，而是一件制作较为精致的随葬木俑。当然，作为"丧家之乐"的傀儡戏，在汉代只流行了较短的一段时间，在傀儡艺术的发展史上，主要还是作为百戏杂技的一种表演形式而存在的。只是后来随着其表演形式的逐步完善和艺术水平的提高，傀儡艺术才逐渐走上了独立发展的道路。

汉代傀儡戏的兴起，标志着我国戏剧艺术的初步形成。它们对后来的中国戏剧历史和戏曲历史起到了重要的作用。

现代的木偶戏

汉代的鼓吹乐

鼓吹乐是西汉初年出现的一种新型乐器合奏形式。最初的鼓吹乐兴起在北方，相传是秦朝末年流亡在西北一带的班壹在总结北方游牧民族的音乐之后，所创建的一种以吹奏乐和打击乐为主的音乐形式。这种音乐形式兴起之时，正值秦末汉初时期北方匈奴不断侵扰中国北部边境，后来汉朝在北方边疆有重兵守卫，加之连年两边的来往征战，汉边军就将这种吹奏和打击的音乐纳入到军中，如铙歌和笳歌，以壮军威，后来鼓吹乐渐渐传入中原，成为汉音乐文化的一部分。鼓吹乐进入汉音乐文化之后，在得到统治阶级充分利用的同时，也同样被广大人民群众所接受，并成为大众所喜闻乐见的一种艺术形式。与宫廷鼓吹乐所不同的是，民间鼓吹乐的内容十分生动、形式自由，而宫廷鼓吹乐则在内容和形式上有相当严格的规定及形式分类，在什么样的场合就规定用什么样的鼓吹乐，而且其编制和名称也有不同，其分类如下：

黄门鼓吹——专门在皇宫内演奏的一种形式，即当皇帝宴请群臣时表演的音乐。在演出时，乐队列于廷殿两侧。主要乐器有笳、箫等。

骑吹——主要用于军队驾车或列队行进中所奏的音乐，属于进行曲性质，由军中仪仗队来演奏。主要乐器有笳、鼓和角等。

横吹——用于军队行进中骑兵部队，它实际上是最早的鼓吹乐，即北方游牧民族在马上使用的音乐，主要乐器有横笛、鼓、角等，后来又加入

了管和排箫。

短箫绕歌——主要用于在祀庙中进行的大型仪式和军队获胜凯旋时所奏的音乐。它也属于在马上演奏的一种军乐，但与众不同的是，它除了同样使用鼓、铙等打击乐器之外，还使用了大量的旋律乐器，如排箫、笛、笳等，因此音乐性很强。

汉代的鼓吹乐在表演中一般都有歌词，是可以参与演出进行演唱的。但在上述四种鼓吹乐中，以鼓吹乐和横吹乐中带词演唱的居多，而骑吹和绕歌则更注重器乐表演，虽有唱词，但相对要少得多。

汉代鼓吹乐的出现和兴起，对后世我国宫廷和民间乐队的发展起到重要作用，由于它始终在宫廷和民间并行发展，促进了它自身艺术形式的不断完善，在后来许多民间乐队形式中，都保留了它当初的影子，由此可见，汉代鼓吹乐对我国音乐的发展有着很深刻的影响。

秦汉歌舞文明

秦汉时期，赫赫有名的皇帝，如秦始皇、汉高祖、汉武帝等，都是狂热的歌舞欣赏者。

从前文可知，秦始皇征服六国以后，把从六国掠夺来的女乐集中到咸阳，有万人以上。汉武帝曾组织大规模的歌舞百戏，以招待各国使节，轰动了周围300里，老百姓聚集观看。汉武帝设立专门的乐舞管理机构"乐府"，"凡所典领倡优伎乐，盖有千人之多"。皇家如此，豪门贵戚也不逊色。他们常常是"罗钟磬，舞郑女，作倡优，狗马驰逐"，甚至有"与人主争女乐"的疯狂行为。就连那些一本正经的大儒，也多迷恋歌舞。豪门马融是一世通儒，有趣的是马融讲学的时候，居然"前授生徒，后列女乐"，在歌声舞影中讲学论道。

　　宫廷与豪门歌舞活动的盛大与豪华，对汉代社会风气产生了很大的影响。王符《潜夫论·浮侈》说，汉朝民间的女子，"多不修中馈，休其蚕织，而起学巫祝，鼓舞事神"。她们放弃了家务劳动和桑麻纺织，而去学跳舞当巫女。汉代民间歌舞十分热闹。张衡《南都赋》中，描写了汉代上巳"被禊（扶戏）"的情景。每年3月上巳日，官民人众都到河水里去洗濯，祛灾求福。在这种卫生节日里，男男女女都穿上漂亮衣服，骑马坐车来到水边，五颜六色的帐篷连成一片。男女青年都努力展示自己青春的魅力，寻找着意中人。"于是齐僮唱兮列赵女，坐南歌兮起郑舞"，开始了群众性的歌舞。长袖翩跹，满场飘舞。绸巾高扬，如白鹤冲天。舞步轻盈，从容缠绵。尽情地唱，尽情地舞，人们都陶醉在一派迷人的春色中。

　　汉朝不论皇帝还是平民，似乎人人都会歌舞，随时都可歌舞。这是一代风气，正史中多有记述。

　　秦汉时代一些著名的帝王似乎都和舞蹈家有缘。秦始皇的生母是赵国善舞的"邯郸姬"；汉高祖宠爱的戚夫人，善为"翘袖折腰之舞"；汉武帝宠爱的李夫人妙丽善舞，皇后赵飞燕更是身轻如燕，能作"掌上舞"。

　　汉朝的皇帝不乏歌舞能手。《史记·高祖本纪》载，汉高祖刘邦平定了黥布的叛乱，凯旋途中经过故乡沛郡，举行盛大宴会招待故乡父老。席间，酒酣耳热之际，刘邦击筑，引吭高歌："大风起兮云飞扬，威加四海兮归故乡，安得猛士兮守四方！"唱完，刘邦又跳起舞来，以至"慷慨伤怀，泣数行下"，足见刘邦是以歌舞抒情的高手。

　　刘邦的子孙们也都擅长歌舞抒情。《汉书·武五子传》说，燕王刘旦想

篡位，被人举报，预感末日来临，就在万载宫设宴，召集宾客群臣和妃妾。席间刘旦唱起歌来："归空城兮，狗不吠，鸡不鸣，横术何广广兮，固知国中之无人。"华容夫人起身跳舞，并唱道："发纷纷兮填渠，骨籍籍兮亡居。母求死子兮，妻求死夫，徘徊两渠间兮，君子独安居？"座上的人都流下泪来。他们在恐惧、痛苦与绝望之中，居然也要以歌舞来宣泄情怀。

无独有偶，《后汉书·皇后纪》也记述了一场悲惨的皇家歌舞。东汉末年，董卓乱国，废少帝为弘农王，并强迫弘农王饮毒酒。弘农王不得已，"乃与妻唐姬及宫人饮宴别。酒行，王悲歌曰：'天道易兮我何艰！弃万乘兮退守藩。逆臣见迫兮命不延，逝将去汝兮适幽玄！'因令唐姬起舞，姬抗袖而歌曰：'皇天崩兮后土颓，身为帝兮命夭摧。死生路异兮从此乖，奈我茕独兮心中哀！'因泣下呜咽，坐者皆歔欷。"

从这些史料记述，可以知道即兴歌舞以抒情，乃是汉代皇室子孙们的专长。正因为跳舞是汉代皇家的普遍修养，所以有的皇帝才养成跳舞的怪癖。

汉代的士大夫们善于即兴抒情歌舞的也不少。《汉书·李广苏建传》记载苏武出使匈奴，数年后匈奴与汉朝和亲，李陵置酒送别苏武。"陵起舞，歌曰：'径万里兮度沙幕，为君将兮奋匈奴。路穷绝兮矢刃摧，士众灭兮名已隤。老母已死，虽欲报恩将安归！'陵泣下数行，因与武决。"

当然，歌舞主要还是出现在欢乐的场合。汉代官僚宴会上的舞蹈是非常尽兴的，有时甚至十分放肆。《汉书·盖宽饶传》描写一次宴会，酒酣乐作，长信少府檀长卿出座舞蹈，竟模仿猴子和狗打架。

在汉代人的酒宴中，除宾主即兴舞蹈表演，或观赏艺人的表演外，还流行相邀起舞的习俗。这种古老的具有中国特色的"交谊舞"，叫作"以舞相属"。这种"以舞相属"，既含娱乐性，又具礼节性。一人下场起舞，再邀请另一个人跳舞。被邀请者如果拒绝起舞，那是非常失礼的，邀请者会认为是大伤面子。汉景帝时，外戚窦婴、灌夫和丞相田蚡有矛盾。有一次，田蚡邀灌夫一起到窦婴家，酒宴中灌夫起舞以属田蚡，田蚡故意不起，拒绝邀舞，气得灌夫骂座，引出一场纷争。

总之，统治者的倡导，使群众歌舞得到普及，开创了两汉舞蹈艺术多姿多彩的新局面。

汉代最流行的舞蹈是"袖舞"。汉画像石的乐舞图上，很多舞蹈者都以长袖作舞，而且舞袖造型千姿百态。战国时的民谚已有"长袖善舞"的说法。和长袖相联系的还有"细腰"。汉画像石上描画的舞蹈者的腰肢都很纤细，腰部的动作绰约多姿。舞袖与舞腰都是舞蹈技巧中很突出的技术，所以两者常常相提并论。如汉代崔骃《七依赋》说："表飞縠之长袖，舞细腰以抑扬。"汉画像石上对舞袖和舞腰的形象刻画得很生动。

和"袖舞"有联系的是"巾舞"。袖舞中有一种特长的双袖，还有一种在袖口接上长长的飘带，就发展成巾舞。挥巾而舞时，有的舞者双手各持一根短棍，舞动更加方便。成都杨子山出土的汉代乐舞百戏画像砖上刻画的就是这样。河南南阳汉画像石上有这样一个舞女。身体向左侧倾，臂部以下留在右侧。舒巾而舞的两臂右高左低维持着身体的平衡，舞姿极其优美。

"鼓舞"是汉代舞蹈中技巧很高的一种。主要形式有"盘鼓舞"和"建鼓舞"。

张衡《七盘舞赋》描写一种"历七盘而屣蹑"的舞蹈，也就是"盘鼓舞"。表演时，地上摆好了盘和鼓，舞者脚步踏在鼓上或盘上从容起舞。飘舞的长袖，轻盈的步法，应着咚咚的鼓声，构成特殊的舞蹈节奏。盘和鼓的数量没有一定，有的以鼓为主，有的以盘为主。河南南阳汉画像石上有一幅乐舞图，画的正是"盘鼓舞"的表演。图中显示的是地上有两只鼓，四只盘。梳双髻的细腰舞人，扬起长袖，弓步跃起。左脚正从鼓上跳起，右脚

尖刚刚踏到盘上。

建鼓是用木柱穿着大鼓的腰部，下设支架，将鼓立起来，鼓的两面左右向外。舞人在两旁各击鼓的一面，边击鼓边跳舞。建鼓在汉画像石描画的百戏演出中，往往居于中心地位。山东曲阜东安汉里画像石上，就刻着一幅生动的"建鼓舞"表演图。这种建鼓舞至今还可以在湘西苗族跳鼓时看到。

汉代杂技乐舞文明

汉武帝统治时期，他"罢黜百家，独尊儒术"。但汉代的艺术，却没有因此而受到儒家狭隘信条的束缚。汉代人热爱并肯定自己的生活，从而也为自己创造了一个热情奔放、五彩缤纷的艺术世界。作为这一世界的重要组成部分——杂技乐舞，也带有浓厚的生活气息。因而，它经常出现在宫廷或民间的日常宴乐之中。

汉武帝常以角抵之戏"飨四方之客"。这里的"飨"，就是用酒食招待宾客的饮宴，宾主且饮且观。当时，"黄门鼓吹，天子所以宴乐群臣"（《礼乐志》）是皇家经常因事而设的礼仪。这里的"宴乐"，自然也包括观看杂技乐舞的内容。

在宴乐中安排杂技乐舞演出、用表演加强欢乐气氛的作法，在汉代以前已经有了，不过没有像汉代这样普遍。

这期间，皇家出于政治需要，也曾有过几次罢除角抵戏之举，但对于民间杂技乐舞并无影响。

　　民间富豪们宴饮成风，而每宴又必备戏乐，业已形成时尚。这就是宴乐杂技赖以生存的土壤。

　　桓宽在其《盐铁论·散不足》中这样陈述当时的情景：
"今宾昏酒食，接连相因，析酲什半，弃事相随，虑无乏日。"

"往者民间酒会，各以党俗，弹筝鼓缶而已，无要妙之音，变羽之转。今富者钟鼓五乐，歌儿数曹。中者鸣竽调瑟，郑舞赵讴。"

"今俗因人之丧以求酒肉，幸与小坐而责辨，歌舞俳优，连笑伎戏"。

　　这段话的意思是：在当时庶民社会生活中，请客与结婚的酒宴，一个连着一个。没有喝醉的人仅占半数，那一半人，弃置本业而不顾之，几乎天天参加酒会。过去的酒会，只不过弹弹筝、击击缶而已。到后来，富豪家必须要鸣钟击鼓，演出正规的乐舞，蓄养许多小童来表演。一般人家也要请吹竽弄瑟的，以及一班子专业女乐来助兴。甚至连发丧之时，人们仅仅去小坐一时，也要备办酒席，安排乐舞，表演杂技。

　　桓宽在这里描述的，只是一般社会的风习，更不用说那些社会地位仅次于皇室的达官显贵们的宴乐观技的习俗了。

　　在民间，从事宴乐杂技表演的演员，大约分为两种，一种是富豪家中蓄养的，如四川宜宾县棺上的迎客图中，客人牵马来访，主人袍服冠带殷勤迎客，在客人身边有两名艺人在表演倒立和跳丸。艺人能如此适时地迎接远方来客，只有家蓄艺人才能做到。

　　另外一种，是游动献技艺人。《三国志·甄后传》中有一段记述，说到曹丕前妻甄后童年时节，"外有立骑马戏者，家人诸姊皆上阁观之，后独不行"。这里的"外"，当是院外、街头。这样家人才需登阁观看。如在屋外，则属于家庭宴乐杂技。从汉代的风俗来看，妇女并无许多禁忌，人可在室内或走到庭院内观看就可以了，无需"登阁视之"。由此可见，这里说的

"立骑马戏者",一定是游动献技的艺人。

游动艺人具有更大的灵活性,可以临时应召,去参加民间随处可见的宴乐杂技演出。

汉代画像石,是中华艺术宝库中的珍品。它所描述的领域、范围、对象,它所展示的古拙、雄浑的气势,均体现了那一时代的精神。今天,人们浏览这些画像石、画像砖、壁画时,更加感到杂技乐舞与当时的社会生活之关系是何等密切。几乎在所有的宴乐图中,都有杂技的表演形象。在许多场合,它们还居于图画的中心,作为主要内容而被描绘。

在四川成都(杨子山汉墓画像石砖宴乐百戏图),艺人在长席前面表演倒植、跳丸、跳剑、舞盘、金斗、长袖舞、盘鼓舞。长席上,宴乐的宾主,悠然自得,举觞对饮。此外,还有主宾高冠袍服、踞席对坐,前陈大小双鼎,在边饮边观杂技演出的景象。艺人们在乐工的伴奏之下,表演跳丸、弄缶、舞剑、百丈旗等诸般技艺。

在江苏徐州(铜山洪楼汉墓画像石),宴乐主人,高踞厅堂,临案而坐;厅堂之外的场地上,艺人们在表演跳丸、跟斗、倒立和驯兽。旁边有乐队为之击鼓伴奏。

在河南南阳(南阳汉墓画像石),艺人们把普通的宴乐常用器具——碗、瓶、罐、盘等,变成了演出道具,表演舞瓶、顶碗、罐上倒植、盘鼓等高超技巧,从而使宴乐与杂技,意艺交融,令观者耳目一新。

在山东济宁(双城山汉墓画像石),众多宾主排坐一堂,由童仆侍宴。堂中高树建鼓,堂前陈列乐队。艺人们通过弄丸铃、舞长袖、设角抵等项技巧,为宴乐营造出一派热烈喜庆的气氛。

如此众多的,分散于华夏东南西北的汉代画像石,都在表现着宴乐杂技的主题。它说明杂技在当时社会生活中处于必不可少的地位。

汉代民间宴乐杂技的普遍兴起,使杂技乐舞技艺向多样化、小型化迈进了一大步。它与宫廷"大角抵"等大型表演交相辉映、相互补充，使汉代百戏杂技的色彩更加丰富绚丽。

知识链接

惊险的高空节目

到了汉代，高空节目在原有的"侏儒扶卢"和"戴竿"项目的基础上又有了新的发展，出现了橦技、戏车和走绳等项目。

汉代的缘竿之技很盛行，根据文献和文物考证，基本有两种类型：一是在平地上表演的，二是在车上表演的。

平地表演的形式，文物中多有表现。在山东微山沟南出土的汉墓画像石上，有一幅7人缘橦图。图中总共有5根竹竿，3根竖直放立且有平台，2根斜着联结那3根竹竿。7个人的动作姿势各不相同，有双手倒立的，有单手倒立的，有一手扶竿，身子下垂的，姿势各种各样，可见当时的高空表演已不限于一人一竿表演，更多的是多人多竿表演。在沂南石刻上，有载竿的橦技，一人将橦木放在额头上，然后把握好重心，使橦木在空中直立，橦的上部有一"十"字形的横木，竿顶有一个小盘。其中一个人用腹部伏在小盘上，下面十字架横部左右各有一个演员，做着倒挂金钩的杂技动作。

东汉的"杂技团"

沂南石刻《百戏图》是 1954 年在山东沂南县北寨村一座东汉古墓中发现的，它异常完整、具体、生动地介绍了东汉杂技整场演出的实况。毛泽东看了这幅百戏图后说："这就是东汉的杂技团吧！"

画面上五十四名演出人员，相互配合，构成了一个精神饱满、情绪热烈、有条不紊的整体。

开头便是汉代最流行的手技节目《跳剑》，一位鹤发飘拂的老艺人，正聚精会神地抛掷着四支短剑，用力时身体保持微蹲的姿势，神态真切。他的足边放了 5 个圆球，那是他刚抛弄过的丸铃，这种球体上凿有小孔，中装石子抛在空中振动，会发出悦耳的响声，因此称为"丸铃"。手技演员旁边是一位上身赤裸虎背熊腰的中年男演员，额顶十字长竿。上面有一个小孩正在表演倒挂腹旋，这是汉代有名的新节目《都卢寻橦》。下面一位男演员宽袍长袖，弓步起舞，衣带流动飘扬，他的右边排着 7 只盘鼓，这是当时最流行的技巧舞《七盘舞》。在这组技艺后面，是大乐队。上层是钟鼓交鸣的打击乐，高高的建鼓披着缨络羽葆，鼓师双槌并举着猛力擂鼓，另一位乐工手把住悬吊在大梁上的木槌，有节奏地撞击着木架上的洪钟，头戴高冠的击磬乐师，则沉毅端坐。下面 14 名伴奏的乐工齐整地分坐三排，前排的乐队指挥——鼓手由女乐工担任，中排是以横箫为主的吹奏乐，后排是琴、笙合鸣的管弦乐。17 人的乐队烘托着引人入胜的技艺。

乐队的后面是惊险的走索，两只对立着的三脚架上，横系着长绳，绳下刀剑林立，绳上3位女演员同时表演。旁边两人手执短幢，正向中间走去。更难得的是绳子中部的演员正在表演倒立，双足翻起，腰部弯曲若燕子展翅，表现了高度的平衡技巧。

紧接着是汉代盛行的乔装动物幻术表演，出现了"侲僮戏兽"，象征吉祥之兽含利，阔口大眼，身披毛皮，屈身跳跃，手执旗帜；前面一小孩身着羽衣，两手撑地，下肢腾起，对兽游戏，憨态可掬，活像今天"舞狮子"的狮童。其后是由人扛着的彩扎大鱼，3个人摇着"兆鼓"逗引着，紧接着是"鱼化为龙"，马遍体披鳞装扮成双角巨口的龙形，马背上驮着画卷，上端立着一个舞弄羽葆长幢的小孩，龙马在摇鼓、节鞭引导下急促前进。小演员笑逐颜开，轻松自如地在奔腾的马背上稳如泰山。这大概就是有名的古代幻术《鱼龙漫衍》的一个场面。后面的雀戏也许是凤凰来仪，都是由人乔装打扮。大雀则耸冠展翅，修羽长翎，形似凤凰，颔下系着飘带，中垂流苏，尾附小铃，却明显露出一双人足。鸟前一人穿着花瓣状的衣服，手持一颗梧桐，有梧桐引凤的含意。这组乔装节目，显然是取材于中国古代神话故事，模拟仙境中的神仙和珍禽异兽，有吉祥、平安、幸福的寓意。

图的最后部分是雄壮热烈的马戏节目，两匹骏马相对奔驰，昂首扬尾，八蹄翻飞，左面的马背上站着头结飘带，腰系短裙的少女。她左手执短戟，右手握长缨，类似今天杂技舞台上耍弄流星。右边一人一手执钩，一手抓住马鬃，腾空跃起，正以飞快的速度上马。下面三匹饰为龙形的马，并驾齐驱，拉着戏车急驰而来，车中高竖着建鼓和长竿，两根竿顶各有一个小台，小演员在百尺竿头作"反弓倒立"。随着惊人的技艺，车内车外乐工笙管齐鸣，鼓声阵阵，演出到了高潮。朴实的线条，展示了1800年前后，东汉杂技演出的盛况。从中可以看出这个杂技团体人员齐备，23个演员中，包括男女老幼，他们各有专长，争奇比胜，老艺人聚精会神，出手不凡；舞男舞

态幽雅，舒展有力；二人豹戏翻腾激烈，龙上儿童神态潇洒，马背少女动作果断，走索演员稳健沉着。他们的认真表演反映出汉代艺术家们热爱杂技，忠于艺术的精神。

　　这台演出门类齐全，色彩丰富，拥有手技、足技、倒立、筋斗、高空技艺、乔装表演、马戏、车戏、技巧、舞蹈、幻术等节目，可谓花色繁多、技巧高超。通过石刻的各种线条，可以看出汉代杂技在艺术表演形式上也是十分讲究的。整场演出的十个节目，服饰、道具都很精美。以服装为例，样式很多，有适合于施展身段美的长衫；有适合于跑马、上高的短衣；有富于浪漫色彩的花瓣形的裙子、羽衣、燕尾服，甚至连马的身上也披着龙套。这些漂亮的服装都是与其表演内容紧密结合，既使表演形象美观，又便于技巧动作的发挥，再加上二十七人的大型乐队伴奏，这场演出可称声色技艺俱妙。

扩展阅读　汉代的裸体舞艺术

　　一说裸体舞，有些读者会吓一跳：我们的先祖会如此伤风败俗吗？其实那时的裸体舞带有一定的严肃性。

　　从历史文物看来，汉代应当是有裸体舞的，既有半裸，也有全裸。邃古斋所藏《金石索》的《镜鉴》部分，录有汉代人物画像镜，镜上所描绘的乐舞图中，有二女子裸体翻身而舞。江苏涟水三里墩西汉墓中，出土有一男二女裸体环抱戏俑。

　　汉代为什么会有裸体舞？这个问题非常复杂，它既表观着外域风气的一定影响，也和原始遗俗有一定瓜葛，同时还反映着上层统治者的某种病态刺激的追求。

在西汉景帝和武帝时，同姓诸侯王中有不少人热衷于搞裸体艺术，如江都王刘非的儿子刘建令宫女裸体击鼓，广川王刘去"数置酒，令倡俳裸戏座中以为乐"，戴王刘海阳在屋内的墙壁上画了春宫画，请他的堂姊妹去观看。直到东汉灵帝时还在西园修起近十间的"裸游馆"，令14岁至18岁的宫女化妆起来，脱去外衣游于其中，令他观看。这些活动，有的已超出艺术范围而成为淫虐的恶作剧，大多旨在追求性感刺激。

在汉代画像砖石中，我们常常可以见到跳剑弄丸的杂技演员和伴舞的丑角，大多光着上身，为半裸体，看来并非追求性感刺激，而是造成一种剽悍感或滑稽感。杂技演员在跳弄各种硬器械时，光着上身，暴露着发达的肌肉，就会给人一种力的暗示，增强演出时的惊险效果。而盘鼓中伴舞的丑角，如四川杨子山画像砖巾舞舞女身后伴舞的丑角，四川彭县出土画象砖、陕北绥德画像石、河南荥阳王村出土彩绘陶楼上这些伴舞丑角的形象，都为赤裸上身的矮胖男性，对主舞者追呼、撩逗，撅着臀部做出丑陋笨拙的姿势，主要是为了取得滑稽俳谐的效果。以上两种半裸体男性演员形象，前者可能来自中亚的"善眩人"，后者则来自源远流长的宫中供皇室取乐的侏儒、戚施之类的俳优。

第九章

古朴典雅
——秦汉时期的家具艺术

我国的历史源远流长，从元谋人开始到公元前21世纪是我国漫长的原始社会时期。在这漫长的历史时期内，勤劳的先祖们运用他们的智慧创造了华夏文明的雏形。尤其在建筑、木工、编织及髹漆技术等方面都取得了引人注目的成就。到了秦汉时期，家具品类不断增多款式不断创新。这一时期的家具虽部分保留着奴隶社会时期家具形式单调、一物多用、功能交错的特点，但中国以后出现的坐卧类家具、置物类家具、储藏类家具、支架类家具、屏风类家具在这时都已初具雏形。

低矮家具的鼎盛时期

　　秦朝大统一后,南方的楚式家具得到了广泛传播,中原地区的家具形态也有了进一步发展,南北家具逐渐趋于融合。秦朝统治的历史短暂,其出土的实物家具相应的很少。但从雄伟的万里长城、规模庞大的阿房宫、震撼人心的秦皇陵兵马俑及出土的一些精美的漆器中我们可以感受得到当时家具种类的丰富,制造技艺的高超。

　　秦朝后期奸臣当道,政局动荡,最终由大汉王朝取而代之。汉朝是我国封建社会又一个辉煌的时期。汉灭秦后,采取了休养生息的政策,推行黄老之学,鼓励农桑,经过几十年不断的努力和发展,社会经济得到了全面的恢复,国势强盛,物质丰裕,手工业蓬勃发展。在这种政通人和的环境下,汉朝的南北家具相互交融发展,到了西汉中期基本上完成了南北家具的融合。与先秦的家具相同的是,汉代家具依然是在继承战国漆饰的基础上进行变化发展的,用色更加华美瑰丽,并且形成了比较完整的组合式的系列家具。所不同的是家具中蕴含的礼教成分渐渐衰退,实用的性质逐渐加强。在这一时期,适应于席地而坐的中国低矮漆木家具进入全盛时期,不仅数量庞大、种类丰富,而且家具制作工艺比以前更加先进,榫卯构造更加科学合理,造型上实现了实用与美观相统一。装饰手法虽仍以彩绘为主,但已由黑红彩绘发展到多彩,并出现了堆漆的装饰手法。到了东汉时期,由于西域文化的传入,人们的生活起居习惯也开始发生了变化,由席地而坐开始慢慢向以床为中心的生活方式转变。家具的品种和样式也得到了较大的发展，最具划时代意义的是出现了由低矮型家具向高型家具演变的端倪。

低矮家具的代表

秦汉时期的家具是我国低矮家具的代表。这一时期的家具种类非常齐全，不但继承了春秋战国以来的家具样式，而且还创造出了许多新的品种，如专用坐具——榻，坐卧类家具的分工也越来越细。我们可以通过汉代的画像艺术中看到当时人们生活的习俗仍是席地而坐，但是床和榻已经得到了广泛的应用，在人们生活中扮演着不可缺少的角色。慢慢地以床榻为中心的生活起居方式逐渐取代了先秦以席为中心的生活习俗。

1. 坐具

秦汉时期的坐具除席、筵外，还创造出了榻和独坐式小榻。河南郸县汉墓出土有"汉故博士常山大（太）博王君坐榻"铭石榻。山东安邱汉画像石上也绘有榻的形象，榻背附曲尺屏风。

值得注意的是，这时出现了一种可供垂足面坐的胡床，即现在的"马扎"。据《后汉书·五行志》："（汉）灵帝好胡服、胡帐、胡床、胡座……京师贵戚，皆竞为之。"可知胡床在东汉晚期颇为流行。"胡坐"即垂足而坐，应是当时北方民族的坐式，已启日后流行高型家具的先声。

2. 承具

江苏连云港汉墓出土彩绘八龙吐水书案，长 950 毫米、宽 150 毫米、高 320 毫米，有下栅腿，各作四龙吐水状，翻滚的水浪间雕有昂首的蟾蜍。栅腿下为柎足。案身以藤黄、群青彩绘纹样。

汉代大食案如北京丰台大葆台西汉墓出土彩绘大案，与河南长台关战国墓出土者相类，河南密县打虎亭汉墓壁画中有使用大食案的生活场面。

3. 架具

汉代架具有衣架与镜架两种。

镜架用以悬挂铜镜。古代修容，铜镜由女婢手持或挂于镜架。沂南画像石墓后室隔墙东面有一备妆场面，左婢手中所持镜架，下有圆座，座上立圆柱，顶为卷云状板，其下系一短缨，各穿镜钮，再下为一长方板，可放置脂粉箧等物。镜架在南北朝时仍然延用，传顾恺之绘《女史箴图》的镜架与沂南墓近似。

家具的涂漆与纹饰

中国家具多为木制，其最大特点之一是涂饰油漆。

中国是世界最早发现和使用漆的国家，也是世界桐油和漆的生产大国。在浙江河姆渡遗址出土了 7000 年前的漆碗。商代漆器纹样已相当精美，河南安阳殷墟大墓发现了雕花木器，涂朱色纹，并镶嵌蚌壳、玉石和松石，清晰绚丽。河北藁城台西村商中期遗址也出土了许多漆器残片，朱地黑纹，绘饕餮纹、夔纹、雷纹、蕉叶纹等，有的还镶嵌松石。由此可以肯定漆艺在商代已十分发达。大量的出土器物证明，漆艺的进一步发展是在战国。汉代是中国漆艺的黄金时代，分布地域很广泛，北至内蒙，南达广州，东起山东，西抵甘肃，皆有发现，出土漆器数量多，类型丰富，保存完好，并有纪年铭文。特别是在信阳长台关、随县擂鼓墩、长沙马王堆、江陵凤凰山、云梦大坟头的战国和秦汉墓葬的发现，数量巨大，种类丰富，保存完美如新。在这些漆器中，家具占颇大的比重。

家具漆饰纹样多见如龙凤、云气、花草、几何、鸟兽、仙人、孝子，及其他人物和车马等。儒学在汉代思想界获得至高无上的地位，因而漆画题材除纯装饰性纹样外，也注重宣传儒家教义，"成人伦，助教化"，表彰孝子、义士、明君、贤相。同时受当时神仙思想的濡染，诸凡仙人升仙等神仙题材也时有出现。

湖南长沙马王堆西汉墓彩绘座屏战国和两汉家具漆髹的装饰方法有彩绘、针刻、沥粉、镶嵌和平脱等数种。

彩绘是漆饰的主要方法，用各种颜色的矿物粉调和油、漆进行描绘，大多为黑地朱绘或黑地彩绘，也有少数朱地黑绘。黑地为大漆，初为乳白色，经氧化而呈黑色。朱色为朱砂，学名硫化汞，与漆液调和后色彩艳丽，永不褪色。此外，尚有黄、白灰、石绿、绿、褐、红、金、银诸色。彩绘时多用纯色，很少用混合色。矿物颜料与漆调和之后附着力极强，若混入油或胶，虽保持原色，但附着力较差。长沙马王堆汉墓出土的漆凭几和座屏，色彩已多处脱落，就是使用油、胶调色之故。彩绘的工具主要是毛笔，还可能使用了不同宽度的刷笔。彩绘的方法有线描、平涂和堆漆三种。

漆液调色后，粘稠不易展开，描画有一定难度，故早期纹饰多仅平涂，很少用线，或用线也感觉线形笨拙，如长台关楚墓漆几的朱绘。汉代技法已经熟练，对漆液性能掌握准确，方能做到线条流畅、奔放有力、婉转自

如，马王堆汉墓彩绘漆棺就是很好的例证。长沙其他汉墓出土的凭几，彩绘纹样也十分生动流畅。

针刻又称"锥画"，是用针或锥在漆面刻镂纹样，线细如丝，有的内显彩漆或金色。针刻纹多用于小件器皿，如山东银雀山西汉墓的盝顶长方盒，木胎、里朱外黑，其盒顶用针刻纹中彩笔勾点，盒四面为竖线纹和三角纹，纤细如发。

在漆器上镶嵌是一种传统工艺，历史悠久。新石器时代和商周有嵌绿松石和蚌壳的器物。战国时更多加嵌玉石，如长台关楚墓漆几。汉代所嵌品种更多，玉、骨、玛瑙、水晶、云母、螺钿、玳瑁、金银、宝石皆属常用，丰富多彩。文献对此记载很多。

精致完美的竹器家具

马王堆1号汉墓出土了48个竹笥、4条草席、2条竹席。

"笥"为盛放食品或衣物的方形竹器，属储藏类家具。1号汉墓共出土了48个竹笥。出土时叠压三层，排列整齐，大部分外形完整，分别用麻绳索捆扎，有些保存了原来缄封的封泥匣和盛物名称的木牌，如"衣笥""缯笥"等。放食品竹笥用茅草垫底。《礼记·曲礼上》"凡以弓剑、苞苴、箪笥问人者……"郑玄注："箪笥，盛饭食者，圜曰箪，方曰笥。"《左传·昭公十三年》："卫人使屠伯馈叔向羹与一箧锦。"箧即小箱子。宋戴侗《六书故》："今人不言箧笥，而言箱笼。浅者为箱，深者为笼。"可见箧、笥、箱、笼均为同一类放存东西的家具。

汉代床、榻及室内地面就坐处皆铺席。席子，属坐卧用具。1号汉墓出土了4条草席，其中两条保存完整，大小基本相同，长2.2米，宽82厘米。以麻线束为经，蒲草为纬，其编织方法与现代草席相近。其中一条包青绢缘，一条包锦缘，与同出土的简文相合，"莞席二，其一青掾（缘），一锦掾（缘）。"莞，《说文·艸部》："莞，艸也。可以作席。"莞草植物名，莎草科。汉代宫中铺地用莞编的席子。《汉书·史丹传》："顿首伏青蒲上。"颜师古注引服虔曰："青缘蒲席也。"蒲席即莞席，《尔雅·释草》郭璞注："今西方人呼蒲为莞蒲。"1号墓4条草席其质地为莞草所编。可见莞草编席为汉人所喜爱。

1号墓还出土了2条竹席，长2.35米，宽1.69米，遣策中称之为"滑辝（簝）席。"《尚书·顾命》伪孔传："簝，桃枝竹。"按《尔雅·释草》："桃枝四寸有节。"郝懿行义疏："《竹谱》云：'桃枝皮赤，编之滑劲，可以为席，'《顾命》篇所谓'簝'席者也。"其质地较好。这种质量较好的席也称"簟"，《礼记·丧大记》："君以簟席，大夫以蒲席，士以苇席。"《诗·小雅》："上莞下簟，乃安斯寝。"古时铺席，粗的铺在底层，细的铺在上层（见《周礼·司几筵》）。簟比莞席精美，但莞席性煴，竹簟性凉。《三国志·吴志·朱桓传》裴注引："席为冬设，簟为夏施。"长沙马王堆汉墓出土草席和竹席，说明这两种席子具有不同的用途。

长沙马王堆汉墓竹器家具数量多，编制精致，其工艺也非常有特色。表现在：

用材考究。我国江南地区盛产竹子，主要有湘妃竹、南竹、水竹等，而长沙马王堆汉墓竹器家具主要使用的是南竹。因为南竹地下茎为单轴型，主干一般高11—13米，粗8—11厘米，茎环平，箨环突起，节间为圆筒形，长30—40厘米，为制作竹器家具的重要用材。节间长，所以用它编制竹席、

竹笥就比较精美。

工艺精美。1号汉墓竹笥由相套合的盖和器身两部分组成。先"郁架",即先做支架,决定竹笥长宽、高低的尺寸。支架上用加缠竹片固定,竹条郁围,很可能用"火弯",否则围架不可能变成所需要的形状。所谓"火弯"就是部件或材料经过加热处理成各种弯曲形状,因是用火加热变形,故称火弯,这是竹制家具特殊操作的工艺之一,也是一项细致工艺,需要一定技术水平。郁架之后就是上面,即将竹面装到支架上去,为竹器家具不可缺少的一个环节。长沙马王堆汉墓出土的竹笥、竹席面子编织方法为人字纹,这种竹席编织方法早在《诗经·国风·齐风·载驱》毛传上有记载:"簟,方文席也。"是用方文或接近矩形的人字纹编织,并且编出了纵横相间的条纹,非常美观。所谓人字纹编织法,是由两条或数条细篾片的经条与纬条交叉穿压,依次推进而成。相邻的两根经条与纬条的交织点,呈连续倾斜的对角线状,其纹样与现代的人字形纹竹席、竹箱相同,采用的是四方连续纹样,而构成方法基本上是网纹组织,编织工艺相当复杂。长沙马王堆汉墓出土的竹器家具不但编织纹理美观,造型朴素大方,而且严密牢固,大小尺寸便于使用和携带。

总之,长沙马王堆汉墓竹器家具在用材方面选用适合制作竹器家具的竹子精制而成,工艺制作采用竹器家具特殊操作技艺;功能设计便于使用和携带,从而充分体现了竹器家具以竹为本的艺术特点,发挥了其内在美的作用。

汉代的家具——案

汉代，案的名称也多了起来，出现了食案。食案大都形体较小且轻，史书中常有食案的记载。《说文》载："案，几属也。"《史记》："汉七年，高祖过赵，赵王张敖自持案进食，礼甚恭。"《楚汉春秋》："项王使武涉说淮阴侯，信曰，臣事项王，位不过中郎，官不过执戟，乃去项归汉，汉王赐臣玉案之食，玉具之剑。"《后汉书·梁鸿传》则有："孟光举案齐眉，不敢于鸿前仰视。"明代谢在杭在《五杂俎》中分析古代案时说："汉王赐淮阴侯玉案之食；玉女赐沈义金案玉杯；石季龙以玉案行文书；古诗有'美人赠我锦绣缎，何以报之青玉案'；汉武帝为杂宝案。贵重若此，必非重物。"汉代时，皇后五日一朝皇太后，亲奉案上食，由此可见，食案极为轻巧灵便，古人举案齐眉是非常轻松和寻常的事。

汉代还有一种较大的案，用途较广，读书、写字、进食均可。它和专用的食案不同，食案往往在边沿做出高于面心的拦水线，而这种案不但案面平整，且案足宽大，并做成弧形。一般用途不同，名称也各异。读书、写字的叫书案；皇帝上朝及各级官吏升堂处理政事的案多称奏案。如《后汉书·江表传》载："曹公平荆州，仍欲伐吴，张昭等皆劝迎曹公，唯周瑜、鲁肃谏拒之。孙权拔刀斫前奏案曰：'诸将复有言迎北军者，与此案同。'"这类大案，有时也用来作食案。《东观汉纪》曰："更始韩夫人，尤嗜酒，每侍饮，见常侍奏事，辄怒曰：帝方对我饮，正用此时持事来乎！起抵破书

案。"(《艺文类聚》卷六十九)这种案,案面多用纸绢裱糊,直到隋唐时期还使用这种作法。

此外,还有一种用于坐卧的毡案。《周礼·掌次》:"王大旅上帝,则张毡案。"《通雅》载康成注:"以毡为案也。"《六书故》中把毡案作榻类解释,又说:"在今为香案之案,以毡饰之。"以上说的是,在案面上铺设毡垫,供人坐卧,在这里,案又成为供人坐用的独坐床了。

欹案,据史书记载:"欹案,斜搐记载之具也。"实际上是以案当几,侧坐靠倚,与几的作用相同。《三国志》:"曹操作欹案,卧视书籍。"

知识链接

古代分食制用餐

分食制的用餐方式,是我国古代饮食的传统习俗。每份菜肴放在案内,端到各人席前。案内所放盛菜的餐具,先秦时多用豆(如今日之碗),到了汉时,已不用豆,多用盘。

古时分食,按照身份、地位、官职以及年龄不同,供食有丰有简,这是一种已成制度的食礼,普遍遵守。尤其在宴饮时,不能有差错。供食最多的有八豆(也即八品、八肴)。如今日所称八大碗,最少的三豆。古人尊老,每逢乡饮酒时,60岁老人三豆,每增十岁,则多加一豆。90岁老人可享六豆,表示对高龄的尊敬。

古朴的汉代屏风

屏风，古时建筑物内部用于挡风的一种家具，所谓"屏其风也"。屏风作为传统家具的重要组成部分，历史由来已久。屏风一般陈设于室内的显著位置，起到分隔、美化、挡风、协调等作用。它与古典家具相互辉映，相得益彰，浑然一体，成为家居装饰不可分割的一部分，呈现出一种和谐之美、宁静之美。

汉代屏风之称已很普遍。在一些重要建筑中，几乎都有屏风，其使用多种材料装饰。《汉武旧事》曰："帝起神明台，其上屏风悉以白琉璃作之，光冶洞彻。"《西京杂记》："赵飞燕为皇后，其女弟在昭阳殿上书遗飞燕三十五物，有云母屏风、玻璃屏风。"

与座屏同时出现于汉代的还有床屏，即置于床或榻后的屏风。《汉书·陈万年传》："万年尝病，召子咸教戒于床下。语至三更，咸睡，头触屏风。"

此外，汉代尚有大型折屏，广州南越王墓出土一件，十分华丽。

与屏相类的还有步障，即以织物与柱杆组成的临时性围隔，比屏风更为灵活随意，可以移动。沂南画像石墓中室南壁横额东段备膳图即刻出一具，地上立木柱，柱头连以绳，绳上挂帷幔。步障起于汉代，魏晋南北朝更为流行，隋唐仍有余风。

汉代时，有钱有地位的人家都设有屏风。据《西京杂记》载："汉文

帝为太子时，立思贤院以招宾客。苑中有堂隍六所，客馆皆广庑高轩，屏风帷帐甚丽。"汉代屏风在种类和形式上较前代有所增改，除独扇屏外，还有许多多扇拼合的曲屏（也称连屏、叠扇屏）。此时，屏风多与床榻结合使用，如山东诸城汉墓画像石的屏风，中间放置与之配套的床榻和被褥，有两面用和三面用的，屏风多为三扇，两面用将后面两扇拉直，将一端一扇折成直角，屏风即可直立。辽阳棒台子屯汉墓壁画所绘屏风，前面设榻，后面的长边由两扇屏风连接，另一扇折向床榻的一侧。还有的在屏风上安装兵器架，如山东安邱画像石上的屏风，后面右侧安装兵器架，用以放置刀剑等物。屏风也有独扇的，放在身后，长短与榻相同，如和林格尔东汉墓壁画屏风，屏身不高，属小型屏风。

近年出土的实物中以长沙马王堆汉墓出土的漆屏风最为典型。屏身黑面朱背，正面用油漆彩绘云龙图案，绿身朱鳞，体态生动自然。背面朱色地上，满绘浅绿色棱形几何纹，中心系一谷纹玉璧，屏框四周，围以较宽的棱形彩边，在下面的边框上，安装两个带槽口的木托，起保证屏身直立的作用。此外，还有洛阳涧西汉墓出土的陶屏风，也属这一类。

屏风，一般多用于室内，偶尔也在室外使用，但不多见。有一种较大的屏风，专为挡风起遮蔽作用，位置相对固定，名曰"树"。也有把屏风称为"塞门"或"萧墙"的。《尔雅·释宫》："屏，谓之树。"《礼记·杂记》下："树，屏也，立屏当所行之路，以蔽内外也。"《礼记》："天子外屏，诸侯内屏。"

室内所用屏风，大多用木制成，而室外的屏风，用木制的就不多了。为了防风雨侵蚀，常用土石筑砌，作用同于我们今天所见的影壁和照墙。据晋代崔豹《古今注》载："罘罳，屏之遗像也，熟门外之舍也。臣来朝君，至门外当就舍，更详熟所应对之事也。"意思是让人行至门内屏外时，稍事停留，将所需应答的问题再考虑一下。这里有屏风遮蔽，虽已进屋，然未见面。一旦绕过屏风，便须见礼应对，无暇思索。因此，当门设屏，第一可以挡风避光，第二增加了室内的陈设，第三为来客划出一个特殊地段，给人一个思考准备的场所。

罘罳之名，由来已久，到王莽时才渐渐不闻。当时人们多把罘罳解释为"复思"，王莽篡政后，改国号为"新"，下令禁用罘罳之名，并拆去汉陵罘罳，其意在于使人们不复思汉。

汉代屏风多以木板上漆，加以彩绘。造纸术发明后，则多用纸糊，上面画有各种仙人异兽等图像。《后汉书·宋弘传》说："弘当宴见，御坐新屏风，图画列女，帝数顾视之。弘正容言曰：'未见好德如好色者'。帝即为彻之。"这种屏风比较轻便，用则设，不用则收起来，一般由多扇组成，每扇之间用钮连接，可以折叠。人称曲屏。四扇称四曲，六扇称六曲。还有多扇拼合的通景屏风。

屏风还有镂雕透孔的，河南信阳楚墓就出土过一件木制镂雕彩漆座屏。中间镂雕出立体感很强的图案，是一种纯装饰性的屏风。在汉代，这种屏风很盛行，《三辅决录》载："何敞为汝南太守，章帝南巡过郡，有雕镂屏风，为帝设之。"

典雅的汉代几案

几案，人们常把几和案并称，因为两者形式和用途上难以划出截然不同的界限，几是古代人们坐时依凭的家具，案是人们进食、读书写字时使

用的家具，其形式早已完备。几和案的形式很多，且有各自的用途，在厅堂殿阁的布置上，和其他家具一样，也各有其特点。随着时代的发展，名称也有所变化。有虞氏时称"梡（kuān 宽）俎"，至夏后氏时称"嶡（jué 决）俎"；商代称"椇（jù 具）"，周代称"房俎"。梡俎和嶡俎又可单称"梡"和"嶡"。这时的俎大多用于祭祀，日常使用的不多。周代后期才有案的名称，此时，俎的使用日益普遍，但更多的还是用于祭祀神灵和祖先。为了有所区别，一般把祭祀用的叫俎，日常生活使用的叫案。

玉几，古代一种用玉装饰的小案几，为宫廷之用具，可供扶倚。一般多使用上等白玉。

雕几，雕，即刻镂。雕几即雕刻着精美花纹的漆几。孔氏传云："雕，刻镂，此养国老飨群臣之坐。"它的等级次于玉几，是专为年迈老臣而预备的礼节性较强的一种几。

彤几，彤，孔氏传云："彤，赤。"《说文》解释为丹饰，意即以红色花纹装饰几身。彤几意指红色漆几。

漆几，即黑色漆几。漆在这里并非指用漆髹饰几身，而是指其颜色。古代漆不着色皆黑。又，黑乃漆之本色，因此，漆几即指黑色几。

素几，即以白色装饰几身，在先秦古文献中，素色常指白色而言。《论语·吴语》有"素甲"，韦昭注："素甲，白甲。"《周礼春宫·中车》有"素车"，郑玄注云："素车，以白土垩车也。"《说文》云："垩，白涂也。"据此，可认为以白色涂几或以白色花纹装饰的几，皆为素几。

五几的实物，我们从战国楚墓出土的古几中可以得到印证。

玉几，信阳2号楚墓出土一件立板足几，长55厘米，宽22厘米，高58厘米，通体髹黑漆，周沿绘朱色卷云纹，板足高于几面，呈"H"形，在立板足外面及横板侧壁上，均匀地镶嵌着20块白玉，玉块颜色洁白醒目。这种以玉块作装饰的漆几，应是《尚书·顾命》中所言的"华玉仍几"。

雕几，信阳1、2号楚墓各出土1件，两件形制相同，唯雕镂部位不同。1号墓出土的雕花木漆几长60.4厘米，宽23.7—18.1厘米，面厚2.6—6.3厘米，高48厘米，几面面心微向下凹，全部浮雕兽面纹，雕刻花纹精美生动。2号墓出土的漆几长57厘米，宽18—23厘米，高48厘米，几面两端翘起，其上及侧3面浮雕饕餮纹，两侧4个立柱腿，下附拱形托泥座。江陵雨台山楚墓也出土了1件经过雕饰的漆几，面长54厘米，宽22.4厘米，高34厘米，几面两端及前后两立面浮雕云纹，未髹漆，面下两侧各装直枨腿5根，斜叉腿两根，拱形托泥座。这种在面上或几面两端施加雕刻的几，统称为雕几。

彤几，湖北随县曾侯乙墓出土的一件漆几，应为《周礼》所言的彤几。此几出于该墓室中部，由3块木板嵌榫接成，整体呈"H"形，60.6厘米，宽21.3厘米，高51.3厘米，通体黑漆地，在板面和立墙的侧面描画朱红色云纹，立板外部则绘朱红色几何云纹，在板面的两缘及当中画出3条粗大的朱红色彩条，整个几身以朱红色为主调，因名"彤几"。

漆几，信阳1号楚墓出土的一件古几，造型也是"H"形的立板足几，高57厘米，宽18.5厘米，立板上端外卷，几面中部微向下凹，呈弧形，通体髹黑漆，只在几面周沿和侧棱上涂有连续的细道朱色云纹，但该几的整体色彩基调仍以黑色为主。因此，这种虽有朱色花纹，但仍以黑色为突出色彩的漆几。当系《周礼》中所谓的"漆几"。

素几，在包山2号楚墓中出土一件可供比较的素几实物。该几长43厘米，宽10.3厘米，高41.4厘米，两端略宽，中间微凹，两端立板顶部向内卷曲，中部凿一长方形铆眼与面板榫头相接，通体髹黑漆，但在黑色之上则用白粉绘出白色纹饰。面板正面中间及四周立墙外侧和内侧上部用白粉画出许多白色陶纹，面板和立墙外侧绘白色"⌒"纹，这件漆几虽为黑地。而又以白粉绘制花纹，色彩以白色为主调，按先秦习惯应称为素几。又因

该几的白粉画纹经不住日常使用搓擦，由此断定绝非常用之物，因此，可以断定，这件漆几应为《周礼》所言五几中的素几。

古代五几的使用体现了严格的等级和权力差别。周朝时，天子在平时设朝、祭祀等活动中都要设左右玉几。《周礼·春官》有："司几筵掌五几五席之名物，辨其用，与其位。"是说司几筵在布设五几五席时，要根据不同等级和不同活动，陈设不同等级的几。贾公彦疏曰："左右玉几，唯王所凭。雕几以下非王所凭。"《尚书·周书·顾命》中还记载："成王将崩，命召公毕公，率诸侯相康王，作顾命……甲子，王乃洮頮（huì 会）水，相被冕服，凭玉几。"这段话的意思是，周成王临死前，召集群臣欲作遗诏，事前要洗手洗脸，还要穿上冕服，凭倚玉几，以显示周天子的地位与名分。

古代的几还是养尊敬老之具。《礼记·曲礼》载："大夫七十而致事，若不得谢告，则必赐之几杖。""谋于长者，必操几杖以从之。"意思是卿大夫年过70岁而辞官时，则有赐予几杖的优待，国君需与长者商议事情时，长者可操几杖前来。《礼记·曲礼》中还规定，为长者进几杖时，还要将几杖抚拭一下，以表示对长者的尊敬，即所谓"进几杖者抚之"。

以上所述，说明五几在周朝乃至秦汉以前人们的日常生活中，明确地表现出权力、等级、尊卑、长幼等不同名分。这些生活中的礼仪、规范，已被纳入奴隶制时代的上层建筑。几的不同使用习俗也就与奴隶制时代的政治制度紧紧地联系在一起了。

扩展阅读　汉代的床榻

床和茵席产生的先后次序我们目前还无法确定，但茵席被人类广泛使用的时间比床要早得多。最初的床也只是简单的4个矮足支撑1个板面，大小与茵席基本相同，使用习俗与茵席也大体相似，但其不能像茵席那样随用随设，而是室内日常使用较多，位置也相对固定的家具，等级也较高，下级官吏和平民百姓无资格使用，只有身份尊贵的上层人物才能坐榻。由于礼的制约，使床榻在商周时代未能得到普及，直到秦汉时期，人们生活中的坐卧具仍以茵席为主，床榻次之。

有关床的描述在古代文献中多有记载，据《战国策》卷十说：战国时，齐国孟尝君出行五国，至楚国时，曾向楚王献象牙床。象牙床，即以象牙雕刻作装饰的床。这里是把这件珍贵的象牙床当作出国访问的礼品赠送的。《西京杂记》中说汉武帝造了一张七宝床，即把金、银、琉璃、琥珀、珊瑚、珍珠、玫瑰物镶嵌在床上。汉武帝的宠臣韩嫣还用玳瑁做成床，名曰"玳瑁床"。这些记载足以说明汉代人们使用床的情况和床的华贵程度。

汉代以前的床有两个含义，既是坐具，又是卧具。汉代的《释名》说："床，装也，所以自装载也，人所坐卧曰床。"《说文》曰："床，身之安也。"《诗经·小雅·斯干》说："载寝之床。"《商君书》说："人君处匡床之上而天下治。"这里所说的"载寝之床"即指卧具床，卧具床因与社交礼仪联系不大，故史书记述不多，它与坐具床的不同之处在于卧具床大都

装配围栏，形体也较大。如河南信阳长台关战国墓出土的彩漆木床，它由6个木足支撑床面，四边装围栏，前后各留一门以备上床，床面铺竹屉，通体髹漆彩绘花纹。该床长218厘米，宽139厘米，足高19厘米，是一件精美、华丽、不可多得的家具艺术珍品，对研究楚地历史文化生活有着重大的参考价值。"人君处匡床之上而天下治"中的"匡床"，说的是坐具。匡床也作"筐床"，专门为坐的筐床大都较小，不能供躺卧。"筐"，方正的意思，筐床，就是专供一人坐用的小床，即当时所称的"独坐"。《淮南子·诠音》有："必有忧者，筐床衽席，弗能安也。"其他史书这方面的描述也屡见不鲜。由此可见，筐床作为一种专门的坐具在春秋战国时期已很常见。

西汉后期，出现了"榻"这个名称，它是专指坐具的。《释名·释床帐》说："长狭而卑者曰榻。"《通俗文》说："三尺五曰榻，独坐曰枰，八尺曰床。"床和榻是两种用途的家具，榻和床相比，除了比床矮小外，难以描述出它们不同的地方。《释名》还说："榻，言其体，榻然近地也。小者曰独坐，主人无二。独所坐也。"从考古发掘中也可以看到这方面的资料。如：望都汉墓壁画上主记史和主簿所坐的榻，徐州茅村汉墓画像石和铜山洪楼村汉墓画像石上的独坐榻，辽阳棒台子汉魏墓壁画上的独坐小榻，嘉峪关东汉墓画像砖描绘的坐榻等。出土实物如望都2号墓出土的石榻，其中一件在榻面上刻隶书一行，文曰："汉故博士常山太傅王君坐榻。"为研究汉代家具的历史提供了重要依据。实际上这时的榻与汉代以前专供坐用的筐床和独坐枰同属一类家具。可见，床和榻的产生和发展没有先后之分，只不过随着时代的发展、变革而叫法不同罢了。汉代以后，榻的名称逐渐普遍，才成为一般坐具的特定名称。

第十章

光芒永驻
——秦汉时期的科学文化成就

秦汉大一统,社会稳定,封建经济发展,促成了科学与文化发达昌明。国内各民族之间联系密切,中外交往活跃,又为秦汉科学与文化提供了更广阔的发展空间。秦汉时期许多重大的科技与文学成就是中华民族智慧的结晶,体现了我国古代劳动人民的聪明才智。

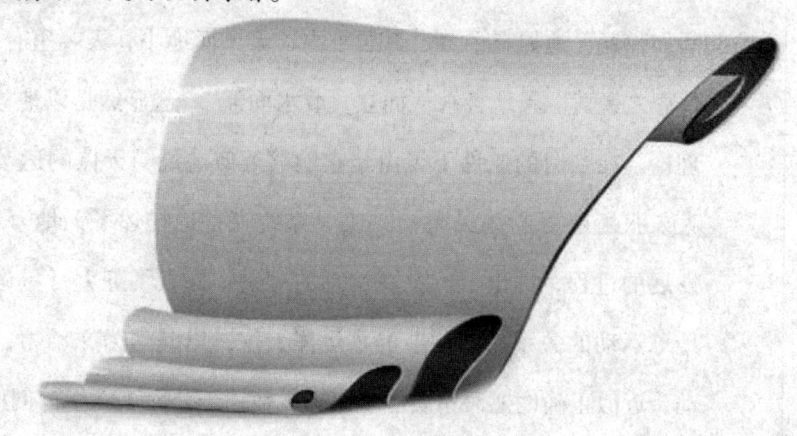

独特的天文历法

两汉时期关于天体的理论有三家：盖天说、浑天说和宣夜说，其思想渊源可以追溯到春秋战国时期。成书于公元前1世纪的《周髀算经》是盖天说的代表作。它认为天为半圆形，地成拱形，日月星辰附着于天地平转。这一学说建立在人们感性视觉的基础上，在汉代已为越来越多的天文观测者所否定。东汉前期的郗萌是宣夜说的代表，他认为"天了无质，仰而瞻之，高远无极"，根本不存在一个固体的天球，日月众星在充满气的物质的无限宇宙空间运动。他虽然对天体运动的规律没有做具体论述，但这一思辨性的对天体本质的近似猜测，仍然表明了人类对宇宙认识的深化。浑天说的势力在两汉时期最大，著名学者洛下闳、鲜于妄人、耿寿昌、扬雄等都坚持这一学说，东汉杰出的科学家张衡则是这一学说的集大成者。他的《浑天仪图注》全面总结和论述了浑天说的理论，认为"浑天如鸡子，天体圆如弹丸，地如鸡中黄，孤居于内，天大而地小，天表里有水，天之包地，犹壳之裹黄。天地各乘气而立，载水而浮"。这显然是以地球为中心的宇宙理论。在当时的条件下，由于它能够近似地说明天体的运动，所以影响很大。张衡还写了《灵宪》一文，系统完整地描述了天地万物生成、变化、发展的过程，提出了五星视运动的理论，探索了五大行星运动速度及其与地球运动的关系。他制造的水运浑天仪，以漏水为原动力，通过齿轮的转动，近似正确地把天象演示了出来。他还于公元132年首创世界上第一架地震仪器——地动仪，并准确地记录了公元138年在甘肃发生的一次强震。

秦、汉时期，我国独特的历法体系已经形成。秦时颁行的《颛顼历》到汉初还在沿用。到汉武帝时，由于其缺陷日益明显，遂在公元前104年下令由公孙卿、壶遂、司马迁等人"改造汉历"，并征募民间著名天文学家唐都、洛下闳、邓平、司马可、侯宜君等二十余人参加。经过对各种方案的实测检验和比较推算，最后选定了邓平的方案，命名为《太初历》。这部历书原著已佚，西汉末年刘歆采用其数据，制定《三统历》，放在《汉书·律历志》中。《太初历》已具备了气朔、闰法、五星、交食周期等内容，首次提出以没有中气（即雨水、春分等十二节气）的月分为闰月的原则，使季节与月分的关系趋于合理，在农历中一直延用到现在。《太初历》还第一次明确提出135个朔望月中有23个食季的食周概念，提高了五星会合期的计算结果的精度，建立了注明五星位置的方法。

东汉早期天文学家李梵、苏统等人发现了月亮视运动的不均匀性。东汉晚期的刘洪在其创立的《乾象历》中，首先将这一成果用于交食的推算，提高了推算日月蚀发生的准确度。他使用的较前准确的回归年和朔望月长度的新数据，对后世产生了积极的影响。我国古代对天象观测和记录的传统在秦、汉时期得到发扬，河平元年（公元前28年）三月己未，第一次对太阳黑子做了准确的记录。此后24年，黑子的记录超过百次。元光元年（公元前134年）六月，在世界天文史上，《汉书·天文志》第一次记载了一颗新星。中平二年（公元185年）十二月癸亥，《后汉书·天文志》又在世界上最早记录了超新星。其他关于日月蚀、彗星、流星雨、极光等，也都有着十分准确、丰富的记录。

知识链接

《淮南万毕术》

《淮南万毕术》大约成书于公元前 2 世纪，是我国古代有关物理、化学的重要文献。《淮南万毕术》万毕二字的意思，有人释为人名，不确。方以智《通雅》卷 3 说："万毕，言万法毕于此也。"清儒王仁俊作《玉函山房辑佚书续编》则认为，"毕、变音近，犹言万变术耳"。这些说法，均可作为备解。《淮南万毕术》已经失传，现存只有辑本。从现存内容来看，《淮南万毕术》主要是谈论各种各样的变化，包括人为的和自然的变化。该书在谈论这些变化时有一种倾向，即力图通过人为的努力，实现那些看上去与常情相悖的变化。这是人类求知心理的自然表现，正是这一表现，使我们对于淮南学派做过的一些科学探索能够有所了解。

张衡与地震仪

记录地震波的仪器称为地震仪，它能客观而及时地将地面的振动记录下来。其基本原理是利用一件悬挂的重物的惯性，地震发生时地面振动而它保持不动。由地震仪记录下来的震动是一条具有不同起伏幅度的曲线，称为地震谱。曲线起伏幅度与地震波引起地面振动的振幅相应，它标志着地震的强烈程度。从地震谱可以清楚地辨别出各类震波的效应。纵波与横波到达同一地震台的时间差，即时差与震中离地震台的距离成正比，离震中越远，时差越大。由此规律即可求出震中离地震台的距离，即震中距。东汉时张衡发明的地动仪，是世界上最早的观测地震的仪器。

东汉时期，地震频繁，据《后汉书·五行志》记载，自和帝永元四年到安帝延光四年（公元92—125年）的30多年间，较大的地震就发生了26次，给人民的生命财产造成了巨大损失。为了掌握全国各地的地震动态，张衡在前人积累的地震知识基础上，经过多年研究，终于在阳嘉元年（公元132年）成功地制造出地动仪。

《后汉书·张衡传》记载："地动仪以精铜制成，圆径八尺，合盖隆起，形似酒尊（酒坛）。"仪器里面，中央竖立着一根上粗下细的铜柱（相当于一种倒立型的震摆），叫作"都柱"。都柱周围有八条通道，称为"八道"，八道是与仪体相连接的八个方向的八组杠杆机械。仪体外部相应地铸有八条龙，头朝下、尾朝上，按东、南、西、北、东南、东北、西南、西北八个方向布列。每个龙头的嘴里都衔着一个小铜球，每个龙头下面均蹲着一只铜制的、昂头张口准备承接小铜球的蟾蜍。一旦发生强烈地震，都柱便因震动而失去平衡，倒向地震发生的方向，从而触动八道中的一道，使相应的那条龙嘴张开，小铜球即落入铜蟾蜍口中，发出很大声响，这样人们就会知道在什么时间什么方位发生了地震。

顺帝永和三年（公元138年）二月初三那天，安置在京城洛阳的地动仪，正对着西方的龙嘴突然张开，吐出了小铜球，激扬的响声，惊动了四周，人们纷纷议论，大地并没有震动，地震仪为什么会报震呢？大概是地震仪不灵吧？谁知过了没有几天，陇西（今甘肃省西部）发生地震的消息便传来了，于是人们"皆服其妙"。陇西距洛阳1000多里，地动仪能够准确地测知那里的地震，事实有力地证明了地震仪是灵敏和准确的！

长期以来，中外科学家一直给予地震仪极高的评价，认为它是利用惯性原理设计制成的，能探测地震波的主冲方向。在科学技术还很落后的2世纪初能做到这一点，是极其难能可贵的。欧洲直到公元1880年才制造出

地震仪，比中国晚了 1700 多年。

张衡创制地动仪，是世界地震学史上的一件大事，开创了人类使用科学仪器测报地震的历史，在人类同地震做斗争的历史上写下了光辉的一页。

知识链接

张衡

张衡，字平子，南阳（今河南南阳）人，（公元 78—139 年）。从青少年时代开始，张衡就非常勤奋地学习各种知识。为了增长自己的学识，青年时期便游学故都长安（今陕西西安）和国都洛阳。从此，他养成了好学不倦的习惯，"如川之逝，不舍昼夜"（崔瑗《河间相张平子碑》），他以"约己博艺，无坚不钻"（《后汉书·张衡传》）作为自己为学的座右铭，不但如饥似渴地汲取既有的知识，而且努力探求未知的学术领域，从而把自己造就成一个博学多才的学者，并以杰出的科技贡献而名垂史册。

数学专著：《九章算术》

《九章算术》是我国现存最古老的一部数学专著。它不是一人专著，而是经由几代人的不断修改、补充完成的。它至迟在东汉前期即已成书，而它的基本内容至迟在西汉后期（公元前 1 世纪中叶）就已基本定型。所谓"九章"就是分为九大类数学问题，全书共有 246 个数学问题及其解答，其体例与现在的数学习题集相似。

第一章方田，是关于各种形状的田亩面积的计算问题，包括正方形、矩形、三角形、梯形、圆形、环形、弓形、截球体的表面积计算。其中，还有世界上关于分数的约分、通分、四则运算、求最大公约数等运算法则的最早记述。

第二章粟米，讲的是各种比例的计算问题，特别是按比例交换各种谷物的问题。

第三章衰分，讲的是按等级分配物资或按等级摊派税收的比例计算。

第四章少广，讲的是由已知面积或体积，求其一边的边长问题，其中涉及开平方和开立方的方法。

第五章商功，讲的是有关土石方和用工量的各种工程数学问题，主要是讲述各种工程体积的计算方法。

第六章均输，讲的是按人口多少、路程远近、物价高低等条件，摊派税收和分派民工的比例问题，涉及到复比例、连比例等较复杂的比例配分计算。

第七章盈不足，讲的是用两次假设来解决某些难题的算法，大多是对"有若干人共买东西，每人出八就多三，每人出七就少四，问人数和物价各多少？"这类问题的解答。因其解法要用两次假设，故现在常称之为"双设法"。

第八章方程，讲的是联立一次方程组的解法问题。其解法与现中学代数课中讲的"加减消元法"基本相同。本章还引入了负数，并给出了正负数的加减运算法则。这些内容在世界数学史上都是第一次出现。

第九章勾股，讲的是利用勾股定理测量和计算高、深、广、远等问题，内容涉及直角相似三角形、二次方程等的解法。

《九章算术》的问世，标志着中国传统数学已经形成，它对后世的数学

发展有着深刻的影响。后世的数学著作，基本上承袭它的编写体例，并继承和发展了它所倡导的从实际问题出发，提供数学解法的传统。后世不少杰出的数学家都对《九章算术》进行注释，在注释中引入新的数学概念和方法。著名的有三国时期的刘徽注，唐代的李淳风注等。

医学巨著：《神农本草经》

《神农本草经》，简称《本草经》《本经》，是我国现存最早的药物学专著。首载于南朝梁阮孝绪《七录》。《神农本草经》撰者不详，托名"神农"，成书年代，有战国说、秦汉说、东汉说。一般认为，该书并非出自一人一时之手，大约是秦汉以来许多医药学家不断搜集药物学资料，直至东汉时期才最后加工整理成书。原书在唐初失传，现今传本是后人从《太平御览》《证类本草》等辑录而成。《神农本草经》辑复本的版本较多，其中以清顾观光辑本、日本森立之辑本以及清孙星衍、孙冯翼合辑本较为完善。

《神农本草经》3卷，也有4卷本（"序录"或"序例"单立1卷），内容十分丰富，反映我国东汉以前药物学的经验与成就。

《神农本草经》收载药物365种，其中植物药252种、动物药67种、矿物药46种。将药物按性能功效的不同分为上、中、下三品，开创以分类法研究本草之先河。"上药一百二十种为君，主养命以应天，无毒，多服久服不伤人，欲轻身益气延年者，本上经。中药一百二十种为臣，主养性以应人，无毒有毒，斟酌其宜，欲遏病补虚羸者，本中经。下药一百二十五种为佐使，主治病以应地，多毒，不可久服，欲除寒热邪气破积聚愈疾者，本下经"（森立之辑《神农本草经·序录》）。三品分类法虽有分类过于笼统，划分标准界限不清等缺陷。如瓜蒂是催吐药，应列入下品，却列在上品；龙眼是补养药，应定为上品，却列于中品等。但提出上品药物"主养命"，使人强壮，延年益寿；下品药物"主治病"，多毒，不可久服；中品药物介于二者之间的药物分类方法，是我国药物学最早的分类方法，对启迪后人研究药物分类和指导临床应用颇有意义。

《神农本草经·序录》指出："药有君臣佐使，以相宜摄合和，宜用一君二臣三佐五使，又可一君三臣九佐使也。"说明方剂按君、臣、佐、使的配伍原则组合，可以更好地发挥治疗作用，克服其毒性和不良反应。虽然该书所提君臣佐使各药的味数未免有些机械，但作为组方总则，却一直为后世医家所遵循。

《神农本草经》指出：药物"有单行者，有相须者，有相使者，有相畏者，有相恶者，有相反者，有相杀者"。在这七类药物的配伍中，相须、相使是最常用的配伍方法，故提出"当用相须、相使者良"；相畏、相杀是应用毒、剧药物的配伍方法，故提出"若有毒宜制，可用相畏、相杀者"；相恶、相反是属于用药禁忌，故提出"勿用相恶、相反者"。该书对近200种药物的配伍宜忌作了说明，可以看到，药物之间的关系非常复杂，但只要配合得宜，便可奏效。

《神农本草经》明确指出："药有酸、咸、甘、苦、辛五味，又有寒、热、温、凉四气，及有毒无毒。"要求医者要知悉药物四气五味和有毒无毒的情况，成为历代研究药性、指导中药应用的基本原则。对于有毒药物的应用，告诫须特别谨慎："若用毒药疗病，先起如黍粟，病去即止。不去，倍之；不去，十之；取去为度。"强调必须从小剂量开始，逐渐增加剂量，奏效即止，以免造成药物中毒的严重后果。

《神农本草经》指出，药物"阴干暴干，采造时月，生熟，土地所出，真伪陈新，并各有法"，强调要选择适宜的采集时间，掌握药物的生熟程度，还要了解地理环境对药物的影响。收藏药物时，有的宜阴干，有的宜晒干。还要对药物真伪新陈及质量优劣进行鉴别。关于药物制剂，指出："药性有宜丸者，宜散者，宜水煮者，宜酒渍者，宜膏煎者，亦有一物兼宜者，亦有不可入汤酒者，并随药性，不得违越。"主张应根据药性和病情，采用不同的剂型。

在临床用药实践中，该书强调："欲疗病，先察其源，先候病机，五脏未虚，六腑未竭，血脉未乱，精神未散，食药必活。若病已成，可得半愈。病势已过，命将难全。"指出药物并非万能，贵在可治之时尽早防治。关于临床用药原则，《神农本草经》认为："疗寒以热药，疗热以寒药，饮食不消以吐下药，鬼疰蛊毒以毒药，痈肿疮瘤以疮药，风湿以风湿药，各随其所宜。"体现其辨证用药和辨病用药结合的主张。

在服药方法上，《神农本草经》根据病位所在，对服药时间作了详细规定："病在胸膈以上者，先食后服药；病在心腹以下者，先服药而后食；病在四肢血脉者，宜空腹而在旦；病在骨髓者，宜饮食而在夜。"这些认识，虽略显机械，但对后世中医用药时间的研究与临床应用具有一定的启迪与指导价值。

总之，《神农本草经》集东汉以前药物学大成，系统总结秦汉以来的用药经验，是我国第一部药物学经典著作。限于当时的历史条件和科学水平，该书难免存在一些错误，例如水银"久服神仙不死"、赤箭"主杀鬼"等。但瑕不掩瑜，《神农本草经》的药物学成就，对后世药物学的发展有着十分重要的影响。

张仲景与《伤寒杂病论》

张仲景（公元150年—219年），名机，字仲景，东汉伟大的医学家，河南邓县穰东镇人。仲景少年时"学医于同郡张伯祖，尽得其传"。汉灵帝时，被举为孝廉，官至长沙太守。仲景叹慕扁鹊的医才，痛恨世人忽视医学，追求名利，竞逐权势的习俗。于是他决心抛弃仕途，走上从医之路。

东汉末年，正是战乱灾害频频发生的时代，瘟疫也广泛流行。著名的建安七子（孔融、陈琳、王粲、徐干、阮瑀、应场、刘桢）竟有5人死于瘟疫。连张仲景家族的200多人中，在建安年间也死了2/3，伤寒占7/10。这给张仲景很大的打击，残酷的事实迫使他专心致力于医学。他一方面勤求古训，认真钻研《素问》《九卷》《八十二难》《阴阳大论》《胎胪药录》等医学著作，吸收前人医学遗产；另一方面博采众方，广泛搜集整理民间流传的经验药方，在临床实践中加以运用相检验。经过几十年的艰辛努力，在晚年终于完成了《伤寒杂病论》这一医学巨著。

但《伤寒杂病论》著成后不久就散失了。一直到晋朝，一个名叫王叔和的太医令在偶然的机会中发现了这本书。但是此书已是断简残章，王叔和看着这本书越来越兴奋，十分想知道这是什么书。于是就利用太医令的身份，全力搜集《伤寒杂病论》的各种抄本，终于找全了关于伤寒的部分，并加以整理，命名为《伤寒论》。但《伤寒杂病论》中杂病部分还没有找到。对于王叔和的功劳，清代名医徐大椿曾这样评价道："苟无叔和，焉有此书。"

张仲景雕像

到了宋代，宋仁宗时，一个名叫王洙的翰林学士在翰林院的书库里发现了一本"蠹简"，即被虫蛀了的竹简，书名《金匮玉函要略方论》。这本书一部分内容与《伤寒论》相似，是论述杂病的。后来，名医林亿、孙奇等人奉朝廷之命校订《伤寒论》时，将它与《金匮玉函要略方论》对照，知道是张仲景所著，于是更名为《金匮要略》刊行于世。

《伤寒杂病论》共16卷，包括"伤寒"和"杂病"两部分。后编辑为《伤寒论》和《金匮要略》两部分。《伤寒论》共10卷、22篇、397法、113方，论述了外感热病"伤寒"的病理、诊断、治疗和用药，确立了"辨证施治"规律。《金匮要略》共6卷、25篇、139条、262方，对脏腑、经络、内科杂病、外科、妇产、儿科等疾病分类，对病因病机的诊断和防治等进行了论述。《伤寒论》和《金匮要略》在宋代都得到了校订和发行，我们今天看到的就是宋代校订本。除重复的药方外，两本书共载药方269个，使用药物214味，基本概括了临床各科的常用方剂。这两本书与《黄帝内经》《神农本草经》并称为"中医四大经典"。

张仲景把包括多种传染病在内的一切外感发热病通称为"伤寒"。创造性地提出以"六经"辨伤寒，以脏腑辨杂病的"辨证论治"的治疗原则，确立了理、方、法、药相结合的理论体系,为中医学术的发展打下了坚实基础。至今,"辨证论治"仍是中医诊断治疗的核心部分。

为了做出正确诊断,他还提出"八纲"(即阴、阳、表、里、寒、热、虚、实)的辨证方法,其中又以阴阳作为总纲,凡寒症、虚症、里症一般是阴病,凡热症、实症、表症一般是阳病。他把这种通过"四诊"(望、闻、问、切)得来的病人各方面的表现加以综合、归纳、分析、辨认,从而作出正确判断,就是所谓的"辨证"。辨证就是综合全部症状,认清疾病的本质;论治是采取不同的方法治疗。张仲景总结以前的经验,根据不同的病人、病情、气候、地理条件,而采取不同的治疗方法。例如,头痛是症状,但并不能表明病因,需经四诊(望、闻、问、切)集中全部症状。

在处方用药方面,《伤寒杂病论》共载药方375种,使用药物214种。张仲景大胆创新,调制了不少新的复合方剂,大大发展了方剂学。现在中医临床上不少常用方剂都是由其方剂加减变化而来的。《伤寒杂病论》奠定了中医治疗学的基础,对世界医学的发展也有很大影响。在这部著作中,张仲景创造了三个世界第一:首次记载了人工呼吸、药物灌肠和胆道蛔虫的治疗方法。

《伤寒杂病论》是后世业医者必修的经典著作,历代医家对之推崇备至,赞誉有加,至今仍是我国中医院开设的主要基础课程之一,是中医学习的源泉。

不朽巨著：《史记》

《史记》是一部体例谨严博大精深的历史巨著，是我国第一部纪传体的通史，记载了从轩辕黄帝到西汉武帝太初年间，上下3000年的历史。全书分十二本纪、十表、八书、三十世家、七十列传（包括《太史公自序》），共130篇（其中《外戚世家》《三王世家》《滑稽列传》等几篇，由西汉元帝、成帝时褚少孙修补而成），共52万多字。

本纪，是按帝王的世代顺序记叙的政治军事等天下大事。有《五帝本纪》《始皇本纪》《高祖本纪》《孝景本纪》等。

表，是排比并列了历代帝王和诸侯国的政治军事大事。有《六国年表》《汉兴以来诸侯年表》《高祖功臣侯者年表》等。

书，是有关经济、文化、天文、历法等专门论述。如《礼书》《律书》《河渠书》等。

世家，是先秦各诸侯国以及汉朝享有封土的功臣贵戚们的国别史、家族史。如《齐太公世家》《周公世家》《越王勾践世家》《留侯世家》等。

列传，是武帝太初年间以前的、历史上成名人物的传记。如《伯夷列传》《老子韩非列传》《屈原贾生列传》《淮阴侯列传》《李将军列传》等。

本纪、表、书、世家、列传这五种不同的体例，相互补充配合、脉络分明、融会贯通，形成了《史记》全书的整体结构，唐代史学家刘知几概括史书有"二体"，一曰"编年体"，如《春秋》，另一个是"纪传体"，而《史记》就是纪传体史书的创始。自汉以后的"正史"，尽管名目有改变、门类有短缺，但都有"纪"、有"传"，绝无例外地沿袭了《史记》的体例。

司马迁的写作初衷是遵父志、继《春秋》。严酷的生活经历又深化了他的思想，在《报任少卿书》中他进一步申述了创作《史记》的主张是"究天人之际，通古今之变"，就是要研究"天道"（自然界）和"人事"（人类社会）的关系，继承先秦以来"天人相分"的有唯物成分的传统观念，反对天道可以干预人事的"天人感应"说。如《天官记》记载了星球的运行、星座的位置，这在2000多年前，是极其可贵的。《封禅书》实录了秦始皇迷信方士终不免一死的昏庸愚妄，揭露深刻。更可贵的是，司马迁也实录了汉武帝好神仙的详细情形，并给以大胆的嘲讽，所谓"通古今之变"，就是探讨古今历史变化的原因，从经济着眼分析社会历史现象，《货殖列传》是其代表。司马迁不以成败论英雄，不以社会地位的贱贵定人的价值，他为我国第一次农民大起义的领袖陈胜、吴广立了传，作《陈涉世家》，充分肯定了他们"首发难"之功；为秦末楚汉之争中失败自刎了的西楚霸王项羽写了《项羽本纪》，成功地刻画了一位富有传奇色彩的反秦反暴的英雄，歌颂了他的勇猛过人，也惋惜他"妇人之仁"与匹夫之勇。这反映了司马迁的才识胆略，确能"原始察终，见盛观衰"，早在2000多年前，就能看到农民起义和封建统治者残酷压迫剥削的因果关系，客观地揭示出社会发展的客观规律，确实难能可贵。

《史记》内容最精彩的部分在本纪、世家、列传等人物传记上。这里描写了各个阶级、阶层的历史人物，通过表现人物的性格特征及其基本政治倾向，展开了广阔的社会生活面，抒发自己独特的历史见解和政治思想，寄托自己的爱憎褒贬。他对封建帝王决非一味歌功颂德，而是既记其功，

又写其过，暴露批评其残暴。就连汉代的开国之君刘邦、司马迁命运的主宰者武帝刘彻，他也是如实描述他们本来面目，对他们的贪婪、虚伪、权诈、荒诞进行了巧妙无情的揭露。

司马迁把帝王手下的官吏分为循吏与酷吏，分别列传。前者是本法循理之官，曾为人民做好事，他以极大的热情进行歌颂。如《循吏列传》中的楚令尹孙叔敖"三月为楚相，施教导民，上下和合，世俗盛美，政缓禁止，吏无奸邪，盗贼不起。秋冬则劝民山采，春夏以水，各得其所便，民皆乐其生"，写郑贤大夫子产"治郑二十六年而死，丁壮号哭，老人儿啼，曰：'子产去我死乎！民将安归'"？后者是用残酷的方法进行统治的官吏，他对酷吏不仅进行了无情鞭笞，而且写出了官逼民反的真实情景，如写武帝时的酷吏周阳由"最为暴酷骄态。所爱者，挠法活之；所憎者，曲法诛灭之"，又写酷吏张汤"天下事皆决于汤，百姓不安其生，骚动"，写酷吏温舒"温舒死，家直累千金""自温舒等以恶为治，而郡守、都尉……大抵尽放（仿）温舒，而吏民益轻犯法，盗贼滋起。南有梅免、白政，楚有殷中、杜少……大群至数千人……小群以百数"。此外，司马迁通过《刺客列传》《游侠列传》还对一些向来为统治阶级所鄙视的中下层社会人物，所谓"市井细民"立了传记，写他们不畏牺牲、不受礼教制约的傲岸性格，歌颂他们敢于反抗强暴的侠义行为，这都是与正统的思想家、历史家的观点有极大区别之处，也正是他的可贵之处。这是他长期接触社会，了解下层人民的生活，而且自己亲身感受到封建专制制度的残酷之后，所迸发出来的光辉的思想火花。

《史记》中更多是记录一系列爱国志士、英雄豪杰的传说，展现了一幅幅绚丽多彩的历史画卷，谱写出一章章可歌可泣、威武雄壮的乐曲。其中脍炙人口的为《廉颇蔺相如列传》《屈原贾生列传》《淮阴侯列传》《李将军列传》等。《屈原贾生列传》中通篇洋溢着强烈的抒情气氛，论述多

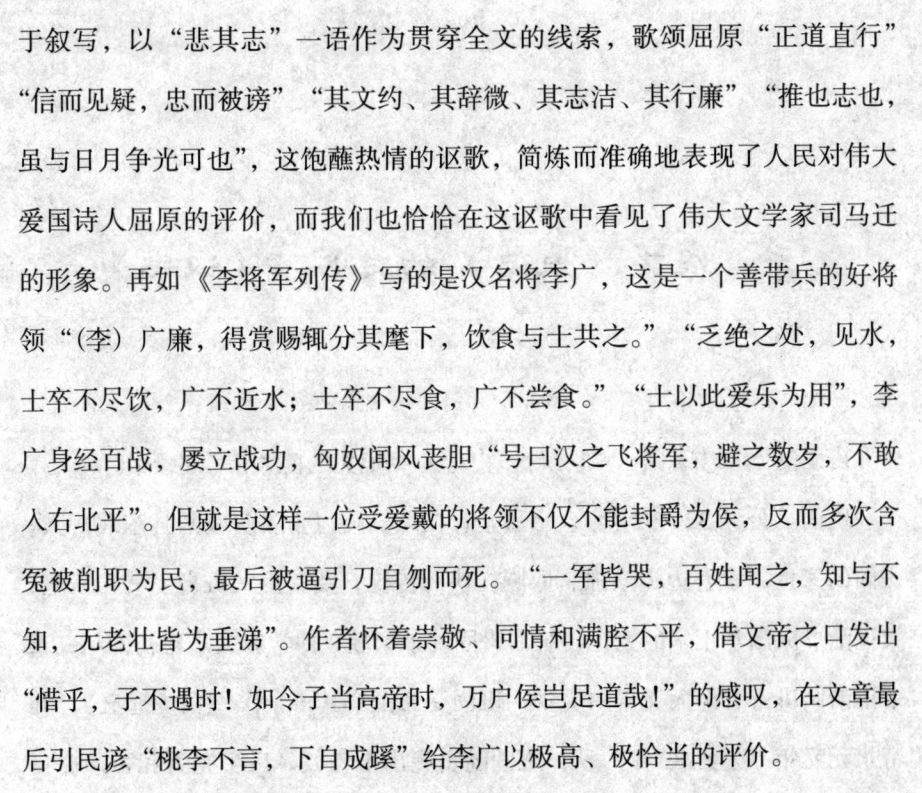

于叙写，以"悲其志"一语作为贯穿全文的线索，歌颂屈原"正道直行""信而见疑，忠而被谤""其文约、其辞微、其志洁、其行廉""推此志也，虽与日月争光可也"，这饱蘸热情的讴歌，简炼而准确地表现了人民对伟大爱国诗人屈原的评价，而我们也恰恰在这讴歌中看见了伟大文学家司马迁的形象。再如《李将军列传》写的是汉名将李广，这是一个善带兵的好将领"(李)广廉，得赏赐辄分其麾下，饮食与士共之。""乏绝之处，见水，士卒不尽饮，广不近水；士卒不尽食，广不尝食。""士以此爱乐为用"，李广身经百战，屡立战功，匈奴闻风丧胆"号曰汉之飞将军，避之数岁，不敢入右北平"。但就是这样一位受爱戴的将领不仅不能封爵为侯，反而多次含冤被削职为民，最后被逼引刀自刎而死。"一军皆哭，百姓闻之，知与不知，无老壮皆为垂涕"。作者怀着崇敬、同情和满腔不平，借文帝之口发出"惜乎，子不遇时！如令子当高帝时，万户侯岂足道哉！"的感叹，在文章最后引民谚"桃李不言，下自成蹊"给李广以极高、极恰当的评价。

鲁迅《汉文学史纲要》中评价《史记》是"史家之绝唱，无韵之离骚"，是非常正确的概括。司马迁和他的不朽巨著《史记》不仅对后世唐宋古文八大家以及其他古文上有成就的作家有巨大影响，就是对后世的诗歌、历史小说、戏剧创作的影响也处处可见。

媲美《史记》的史书：《汉书》

班固的《汉书》是一部可与《史记》相媲美的博大精深的著作。

班固（公元32—92年），字孟坚，扶风安陵（今陕西咸阳县东北）人。班固的家世，素有边疆豪强、慷慨任侠的传统；及其祖父班稚、父亲班彪，又逐渐形成儒学正宗的家世传统。班固幼承家教，博学好文。建初四年，章帝诏诸儒讲论五经大义于白虎观，班固受命撰集其事，作《白虎通义》。和帝永元元年（公元89年）秋，班固随窦宪出击匈奴。后窦宪为和帝逼命自杀，班固亦因此免官。永元四年，又因教诸子、家奴不严被逮，死于狱中。综观班固一生行事，实与豪强而兼儒学的家世传统有关。

修撰《汉书》始于班彪。彪卒，班固继承父志，续撰《汉书》，未竟而卒，复由其妹班昭及马续奉诏相继完成。《汉书》记事，起于汉高祖，止于王莽末年，计十二纪、八表、十志、七十列传，是我国第一部纪传体断代史。

《汉书》以史家之笔，记录西汉一代的历史，对汉朝统治集团的昏庸残暴，对上层社会的炎凉冷暖，对社会危机和民生疾苦，对有功于社会的仁人志士，都有较客观真实的反映，其中也寄寓有作者的爱憎与批判。这是《汉书》与《史记》的相同之处。但因为班固生在专制压迫和经学统治严重的时代，经学家与史学家的双重人格，使《汉书》的史学见解和史学精神，又往往不如《史记》。如同是《高帝纪》，司马迁说："三王之道若循环,终而复始。周秦之闲,可谓文敝矣。秦政不改,反酷刑法,岂不缪乎?故汉兴,承敝易变,使人不倦,得天统矣。"班固却说:"汉承尧运,德祚已盛,断蛇著符,旗帜上赤,协于火德,自然之应,得天统矣。"对于刘邦之所以能够建国,司马迁认为既在人事,也在历史循环,而班固则完全归于天运。可见两人所说的"天统",有所不同。最能体现《史记》《汉书》思想分歧的,还在《货殖列传》《游侠列传》。如司马迁说"仓廪实而知礼节,衣食足而知荣辱,礼生于有而废于无,人富而仁义附焉",班固却说:"四民不得杂处,欲寡而事节,财足而不争,在民上者,道之以德,齐之以礼,故民有耻而且敬,贵义而贱利。"司马迁说:"凡编户之民,富相什则卑下之,伯则畏惮之,千则役,万则仆,物之理也",班固却说:"昔先王之制,自天子、公侯、卿大夫、士,至于皂隶,抱关击柝者,其爵禄、奉养、宫室、车服、棺椁、祭祀、死生之制,各有差别。小不得僭大,贱不得逾贵,夫然故上下序而民志定"(以上分别见《史记》《汉书》)。相比之下,对于礼义道德、社会等级与经济基础的关系,两人的见解是很不相同的。又如《游侠列传》,司马迁说郭解"廉洁退让,有足称者,名不虚立,士不虚附,……"班固却改写为"以匹夫之细,窃杀生之权,其罪已不容于诛矣。观其温良泛爱,振穷周急,谦退不伐,亦皆有绝异之姿;惜乎不入于道德,苟放纵于末流,杀身亡宗,非不幸也"。可见班固对游侠的评价不同于司马迁,却与汉代统治思想相一致。

一般说来,司马迁著史,寄慨遥深,而班固的《汉书》则近乎"纯史",不甚动情,如《苏武传》这样"叙次精采,千载下犹有生气,合之《李陵传》,慷慨悲凉"(赵翼《廿二史札记》卷2)的文章,在《汉书》中并不多见。此外,《汉书》沿袭《史记》体例而又有所改易,多用《史记》文字而又有所删省。其体例之改易,得失互见;其文字之删省,则往往失却司马迁的微旨与叙事的生动。程颐说"子长著作,微情妙旨,寄之文

字蹊径以外；孟坚之文，情旨尽露于文字蹊径之中。读子长文，必越浮言者始得其意，超文字者乃解其宗。班氏文章亦称博雅，但一览之余，情词俱尽，此班、马之分也"（焦竑《焦氏笔乘》卷2引）。发愤而作的私史与奉诏修撰的官史，区别即在于此。

但《汉书》的文章，也有自己的特点。从内容上看，《汉书》的纪传，写了忠奸两种人物类型，如苏武的矢志不渝，霍光的忠心耿耿，王莽的大奸巨滑。《汉书》对忠奸观念的强调，是两汉维护君主集权制度的正统思想在史学上的反映。但《汉书》也写有特立独行之士，如杨王孙之求裸葬，班固甚至评价说："昔仲尼称不得中行，则思狂狷。观杨王孙之志，贤于秦始皇远矣！"（《杨王孙传》）经历了两汉之际的战乱，异端思想随之而起。班固此语已非纯儒之言，这正反映了当时思想界的特点。此外，《汉书》从学术与文献的角度，不独在《史记》原有纪传中增加了学术与经世的文章，更增设学术事迹纪传，特设《艺文志》讲论学术源流。把文化学术纳入史的视野，是《汉书》的一大贡献。《汉书》的文章成就与对后世文章的影响，也是十分深远的。

扩展阅读　华佗的"神药"

东汉末年，有位杰出的医学家。他不但精于外科，而且在诊断、药物、针灸、妇产科和体育卫生等方面也颇擅长。他首创用全身麻醉法施行外科手术，为后世所推崇。他的故事，至今仍广泛流传于民间。他就是中医外科的鼻祖——华佗。

华佗（公元 141—208 年），字元化，一名旉，沛国谯（今安徽亳县）人。年青时，曾游学于徐州。他兼通术数、经书和修身养性之法，而淡于功名利禄。当时沛相陈珪和太尉黄琬都举荐他做官，均遭到拒绝。但却情愿把毕生的精力用于钻研医学及为群众治病方面。他乐于接近群众，足迹遍及江苏、山东、安徽、河南等地，深得群众的信仰和爱戴。同时，他善于把群众的智慧（民间经验医学）加以总结，所以在医学方面取得了突出的成绩，做出了卓越的贡献。

东汉末年，名医华佗医术超群，有古籍记载：

"华佗医术之妙，世所罕有。但有患者，或用药，或用针，或用灸，随手而愈。若患五脏六腑之疾，药不能效者，以麻肺汤饮之，令病者如醉死，却用尖刀剖开其腹，以药汤洗其脏腑，病人略无疼痛。洗毕，然后以药线缝口，用药敷之。或一月或二十日，即平复矣。"文中所载的"麻肺散"医学上又叫"麻沸散"，是由华佗发明的世界上第一种手术全身麻醉药。麻沸散是怎样发明的呢？

有一天，华佗的病人很多，把他累得筋疲力尽。为了缓解疲劳，华佗饮了一些酒。可是因为劳累过度，加上空腹，没饮上几杯酒就酩酊大醉了，而且人事不知，别人呼叫、拍打都没有反应，好像死了一样。华佗的妻子吓坏了，可是摸他的脉搏，却发现跳动正常，这才相信他是真的醉了。过了两个时辰，华佗醒了过来，家人把刚才他喝醉的事情跟他说了一遍，华佗听了大为惊奇：为什么拍打我的时候我都不知道呢？难道喝醉酒能使人麻醉失去知觉吗？

后来，华佗做了几次试验，得出结论：酒有麻醉的作用。再以后，给病人动手术时，华佗就叫病人喝酒来减轻痛苦。可是有些手术刀口大，疼痛剧烈，仅用酒来麻醉是不够的，该怎么办呢？

一次，华佗行医时遇到一个奇怪的病人：病者牙关紧闭，口吐白沫，手握拳，躺在地上不动弹，呼叫、拍打、针灸全无知觉。华佗上前看他的神态，按他的脉搏，摸他的额头，一切都正常。他向病人的家属询问病因，家属说："他身体非常健壮，没有得过什么病，就是今天误吃了几朵臭麻花子（又名洋金花），才得这种病的。"华佗连忙说："快找些臭麻花子拿给我看看。"病人的家属把一株连花带果的臭麻花子送到华佗面前，华佗接过闻了闻，又摘朵花放到嘴里尝了尝，顿时觉得头晕目眩，满嘴发麻，华佗不禁惊叹："好大的毒性！"

华佗用清凉解毒的办法治愈了这名患者，患者临走时，华佗只要了一捆连花带果的臭麻花子。

从那天起，华佗开始对臭麻花子进行试验，发现这种植物麻醉效果很好，又经过多次不同配方、不同剂量的反复炮制，发现用其制成药酒麻醉效果更好，华佗于是给这种麻醉药酒起了个名字——麻沸散，并广泛用于临床。

西方医学开始在手术中使用麻醉药是19世纪40年代，而华佗在公元2世纪就已经用全身麻醉进行剖腹手术，这说明中医外科手术使用麻醉药的历史至少比西方早1600余年。

在中国古代，"药"总是被蒙上一层神秘的色彩。当一位患者处于生死攸关的时候，医师能用一剂良药将其治愈，人们便称之为"起死回生""药到病除"；当一个人陷入必死的绝境时，人们又会说他"无可救药"了。所以在古代社会，人们对"药"的功能，有着许许多多的神奇描述。

据史书记载，东汉末年的神医华佗，就经常用"神药"救人于水火之中。有一次，广陵太守陈登忽然感到胸中烦闷，面色红赤，厌食，华佗为他诊脉之后说：

"你胃里寄生着一种虫子，是吃鱼腥类的东西所致。"于是华佗为陈登煎了2升中药汤，陈登喝下去之后不一会儿就吐出了3升多虫子，它们的头是红的，还能活动，吐出虫子后陈登的病立即好了。华佗又对陈登说："你的病3年之后还会复发，到时候如果遇见高明的医师还可以治愈。"到了第三年，陈登果然再度发病，但是华佗不在，结果不治而死。

有一位名叫李成的军吏，终日剧咳不已，夜间失眠。华佗送给他3钱中药粉，李成服后当即吐出2升脓血，病也渐渐好了。华佗告诫李成说："18年后你的病还会复发，到那时如果不吃这种中药，一定会死的。"在李成的要求下，华佗又给他一剂药，以备发病时用。5年后的一天，李成见到邻居有一位病人与他当年的病症十分相似，病情危急，李成顿生怜悯之心，把华佗留给他的药让那位病人吃了，病人终于获得救治。李成又去找华佗，想再要一剂，正遇上华佗得罪了曹操，被关在监牢里，李成便不忍心向华佗提要药的事。18年后，李成旧病复发，这时华佗早已被曹操杀害，所以李成因无药救治而死。

华佗虽死，但他的精神、医术后人至今称颂，称他为神医，他就是外科医学的鼻祖。